データ分析&
可視化の
新しい教科書

モダン
Excel
入門

公認会計士／データアナリスト
村井直志

日経BP

　登場から既に30年を超えるExcel。ビジネスの現場では誰もが当たり前のように使うアプリケーションとなりました。一方、新しく登場した多様なビジネスツールを念頭に、"脱Excel"を声高に主張される方がいることも知っています。しかし彼らは、Excelがここ数年の間に目覚ましい進化を遂げていることをご存じないのかもしれません。

　それが、本書で解説する「モダンExcel」です。

　モダンExcelといっても、従来のExcelと別の何かではありません。マイクロソフトの関係者によれば、Excel 2010に「Power Query（以下、パワークエリ）」と「Power Pivot for Excel（以下、パワーピボット）」というアドインが追加されたとき、それ以前のExcelと区別する意味で、「モダンExcel」という愛称が使われるようになったようです。

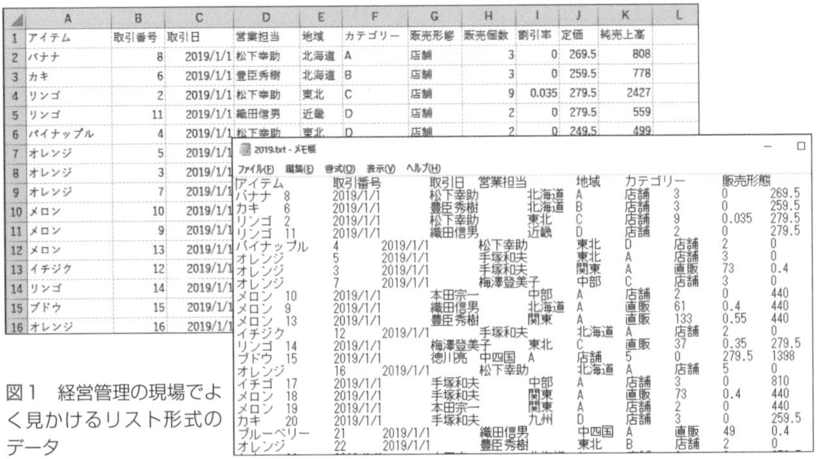

図1　経営管理の現場でよく見かけるリスト形式のデータ

こうした拡張機能と、以前からあるピボットテーブルやピボットグラフなどの機能もフル活用すれば、これまで不可能と思われていたことがごく簡単にできたり、思いも付かなかった用途に使えるようにもなります。Excelの新しい活用法そのものを「モダンExcel」と呼んでもいいでしょう。

データをフォルダーに投げ込む、それだけで可視化

図1のような販売や取引の記録をリスト（データベース）化したCSVファイルやExcelのファイルは、どの職場でも目にするものでしょう。モダンExcelの機能を使うと、こうしたデータを分かりやすく「可視化」「視覚化」「見える化」する「経営ダッシュボード」を作成することができます。図2がその経営ダッシュボードの例です。

この経営ダッシュボードを作るには、数値を表にまとめて集計したり、さ

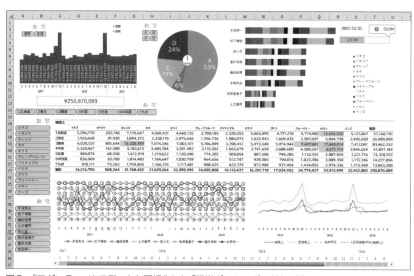

図2　「モダンExcel」でデータを可視化した「経営ダッシュボード」の例

3

まざまな種類のグラフを作成したりと、大変な手間と時間をかけているように思うかもしれませんが、モダンExcelではそのような心配は無用です。最初に仕掛けさえ作っておけば、データファイルを特定のフォルダーに投げ込むだけでOK。すぐにデータを可視化できます。この簡便さがポイントです。

　しかもこの経営ダッシュボードでは、「フィルター」機能で瞬時にデータを切り替えることができ、データの更新もワンクリックで可能です。そのような自動化できる仕組みを、VBA（Visual Basic for Applications）などを用いたプログラミングのスキルがなくても実現できてしまうのが、モダンExcelの真骨頂です。

　本書では、こうした経営ダッシュボードの作成過程やデータ分析の基本ノウハウを通じて、従来のExcelより便利に使える「モダンExcel」について解説していきます。

もう存在しない"104万行の壁"

　本書で解説するような経営ダッシュボードを作れるようになったのは、Excelに"104万行の壁"が実質的に存在しなくなったことと大きな関係があります。このようにいうと「Excelの最終行は104万8576行のままだ」と思うかもしれません（図3）。しかし「モダンExcel」を使えば、この壁を軽々と超えることができてしまうのです。そのような"Excel大革命"ともいうべき変化が数年前にありました。

　日々の販売データのような取引記録であれば、年月を重ねたり複数店舗をまとめたりした場合に、104万行を超えることはざらです。そのようなデータは従来のExcelでは取り込めないので、代わりにAccessなどのデータベースソフトを用いて、一番売れているものは何か、一番売っている担当者は誰か、一番売れている地域はどこか、というような多様な分析を実施し、新た

な洞察・発見を得て、次の経営戦略につなげようとするのが、これまでの常識でした。

　実は、こうした104万行を超える大量のデータも、Excel 2016以降に標準搭載された「データの取得と変換」とも呼ばれる機能、すなわち「パワークエリ」を用いれば、Excelに簡単に取り込むことができてしまうのです。これは画期的なことです。

　そもそも、一番売れているものは何かというような視点でデータを分析した結果自体は、ほんの数行です。だとすれば、従来のExcelでは取り込めないほど大量のデータがある場合、それをパワークエリで取り込み、結果だけをExcelで表現すればよいということになります。このことに気付くと、これまでよりも簡単に、そして的確なデータ分析が可能となるわけです。

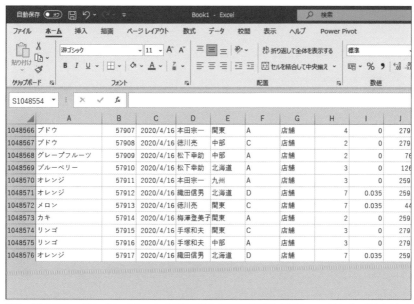

図3　従来のExcelは、ワークシートの行数が104万8576行に限られているため、それ以上の行のデータを扱えない。これが、俗にいう"104万行の壁"である

しかも、従来のExcelではデータ処理後の"結果"しか見ることができなかったのですが、パワークエリにはデータ処理のステップを記録する機能が備わっています。元データも操作ログも、そのまま残してくれます。

Excelで業績がアップし続ける"あの会社"

　最近注目されている会社があります。事業領域を"作業服"から"機能性ウエア"というブルーオーシャンにシフトし、結果を出し続けている「ワークマン」です。ワークマンはExcelを使いこなし年々業績を伸ばしていて、その驚異的な快進撃の様子を各種メディアがこぞって取り上げています。

　ワークマンほどの大きな組織でも、広く一般に普及しているExcelだけで業績を伸ばすことができるという事実は、中堅・中小企業でも手元にExcelさえあれば業績を伸ばせる可能性を秘めている、ということを示唆し、頼もしい限りです。

　しかも、本書でご紹介する「モダンExcel」というデータ分析ツールを使いこなせば、なおのこと可能性が広がります。

そもそも「モダンExcel」って何だ?

　パワークエリを標準搭載するなどして、Excelは大きく進化しました。その新しいExcelのことを本書では「モダンExcel」と呼びます。モダン(modern)とは「現代的な」という意味です。30年以上の歴史がある表計算ソフトExcelに、データベースソフトAccessを足し合わせ、現代的なニーズに対応できるようにしたものがモダンExcelといえるでしょう。

　瞬時にデータを収集・整理し、ファクトベースでそのデータを分析し、グラフによる視覚化を通じ、新たな発見や洞察を得る——こうしたことを

Excelですべて完結できるのが、モダンExcelの便利なところです。

　モダンExcelの2大機能と呼べるツールが、上述の「パワークエリ」と、ピボットテーブルの強化版である「パワーピボット」です（図4）。従来のピボットテーブルではできなかった複雑なデータ分析を、比較的容易にできるようにパワーアップされた機能が、パワーピボットだと考えてください。

　販売データを分析して営業戦略を練る際に、売上高と、販売時の気温、店舗の所在する地域の昼間人口などとの相関関係を調べたいこともあるでしょう。このようなときパワーピボットを使えば、日々の販売データと気温データを"日付"という共通項目で結び付け、リレーションシップを取ることができます。複数のテーブルのデータを統合し、Excelブック内にデータモデルを構築するのがパワーピボットです。このパワーピボットを用いて、以前からなじみのあるピボットテーブルとピボットグラフを作成していけば、先に例示したような「経営ダッシュボード」を作成することができます。

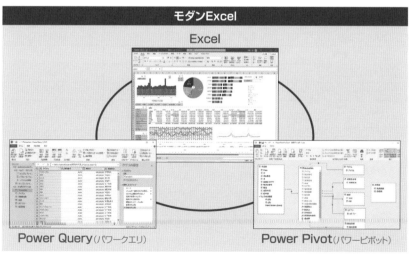

図4　従来のExcelに「Power Query（パワークエリ）」「Power Pivot（パワーピボット）」という2つのツールを追加し、強力な分析・可視化のツールとなったものが「モダンExcel」といえる

従来ExcelとモダンExcelの新旧比較

　ここで、Excelでよく使われる22の関数と機能を、モダンExcelと比較してみます（図5）。従来のExcelにもさまざまな関数や機能があり、それらを駆使すれば多くのことができますが、モダンExcelにも同様の機能が備わっ

関数と機能	内容	モダンExcel（例）
ピボットテーブル	データをスライスする（一面を切り出す）	パワーピボット
VLOOKUP関数	データを抽出する（縦方向）	クエリのマージ
IF(S)関数	データを場合分けする	詳細エディター
SUMIF(S)関数	条件に合うデータを合計する	グループ化
COUNTIF(S)関数	条件に合うデータを数える	グループ化
＆演算子	データを結合する	列のマージ
TEXT関数	データをテキスト化する	変換 → データ型
TRIM関数	データの空白値を取り除く	書式 → トリミング
グラフ機能	データをグラフ化する	パワーピボット
ROUND関数	数値を四捨五入する	丸め
SUM関数	データを合計する	統計
COUNT関数	範囲内の数値を数える	統計
COUNTA関数	範囲内のデータを数える	統計
AVERAGE関数	データの平均を計算する	統計
分析ツール	データの統計学的分析を行う	統計
RIGHT関数	文字列内の「右から〇文字分」を表示する	抽出
LEFT関数	文字列内の「左から〇文字分」を表示する	抽出
HLOOKUP関数	データを抽出する（横方向）	パワーピボット
IFERROR関数	#N/A、#VALUE!、#REF!、#DIV/0!、#NUM!、#NAME?、#NULL!というエラーを処理する	行の削除 → エラーの削除
TODAY関数	ファイルを開いた時点の日付を表示する	日付
INDEX関数	指定された行と列が交差するセルの値を返す	インデックス列
MATCH関数	指定したセルの範囲を検索し、その項目の相対的な位置を返す	パワーピボット

図5　代表的な22の関数と機能に関する、従来のExcelとモダンExcelの対応表。もちろん、ここで挙げた機能のほかにも、便利な解決策はある

ています。むしろ、モダンExcelのほうが使い勝手が良く、簡単に利用できることが少なくありません。

　実にさまざまなことが行えるモダンExcelですが、本書では経営管理の側面から次の4つの章に分けて解説します。

第1章　データを収集・整理する機能としての「パワークエリ」の解説
第2章　複雑なデータ分析をより簡単に実現する「パワーピボット」の解説
第3章　上記2つを利用した「経営ダッシュボード」作成のポイントの解説
第4章　最新データへの更新手順とその結果の見方の解説

　解説に当たっては、経営管理に有効な「経営ダッシュボード」の作成過程を例に取り上げますが、それ以外の用途にも、モダンExcelは幅広く活躍します。商品企画やマーケティング、販売管理や経理・監査など、本書で解説するモダンExcelの機能を見れば、「自分のこの業務にも応用できる」というものがきっと見つかるでしょう。

　本書は、非IT部門の方々でも分かるように基本から解説していますので、普段からExcelを使っている方なら誰でもご活用いただけると思います。

　モダンExcelの入門書として参照していただければ幸いです。

本書におけるモダンExcelについて

　本書では、「パワークエリ」と「パワーピボット」という「モダンExcel」に
よるデータ分析・可視化の基本ノウハウについて、Windows 10上で動作
するMicrosoft 365（旧称Office 365）版のExcelを用いて解説します。
具体的には、小さな組織でも利用しやすいサブスクリプション（月額課金型）
の「Microsoft 365 Apps for business」で、2021年4月時点の最新
チャネルを利用しています。

　パワークエリは、近年マイクロソフトが注力する「Power BI（パワービー
アイ）」などに標準搭載されています。このうち本書では、Excel 2016
以降に「データの取得と変換」という名称で標準搭載されている、モダン
Excelのパワークエリを取り上げます。Excel 2016以降のバージョンで
あればほぼ同様に操作いただけます。Excel 2013の一部バージョンでも、
アドインによりモダンExcelに対応可能です。アドインはマイクロソフトの
Webサイトからダウンロードできます[注1]。

　パワーピボットについては、Microsoft 365に含まれるExcel（Windows
版）のほか、永続ライセンス版のOffice 2019（Home & Business以上）、
Office 2016 Professional Plus（ボリューム ライセンス版）、Office
2013 Professional Plusなどの製品に含まれています。パワーピボット

[注1] https://www.microsoft.com/ja-jp/download/details.aspx?id=39379 からダウンロードでき
　　　る。ただし、このExcel 2013のアドインについてマイクロソフトは正式なサポートを終了しており、
　　　公開が終了する可能性もある
[注2] https://support.microsoft.com/ja-jp/office/power-pivot-とは-aa64e217-4b6e-410b-
　　　8337-20b87e1c2a4b を参照

が使えるバージョンについての詳細は、マイクロソフトのサポート情報をご確認ください^[注2]。

なお、Microsoft 365のアプリは、随時アップデートされ進化しています。そのため、本書に掲載しているExcelの画面デザインやメニュー構成、機能などが、将来的に変わってしまう可能性もあります。執筆時点で分かっている変更点についてはそのつど触れていますが、バージョンによって異なる部分は適宜、本書を読み替えていただければ幸いです。

サンプルデータのご案内

実際に手を動かして理解を深めていただけるように、本書の事例である「経営ダッシュボード」を作成するために必要なサンプルデータをご用意しました。また、本書で解説しているそのほかの操作例についてのサンプルデータもご用意しています。ダウンロードしてご活用ください。

なお、サンプルデータはZIP形式の圧縮ファイルでご提供しています。そのご利用方法については、269ページをご参照ください。

ダウンロードページのURL

https://nkbp.jp/3fJFUaf

インターネット上でも、本書に関連するモダンExcelの操作方法を解説しております。詳しくは「モダンExcel研究所（モEx研）」のWebサイト（moexken. value.or.jp）、Twitter（@moexken）、note（note.com/moexken）をご参照ください。

Contents

第 1 章

パワークエリで、
データを整える 　　19

最新データへ更新し、新たな洞察を得る

第1章 パワークエリで、データを整える

Modern
Excel

PART
1

データを抽出し、変換し、読み込む

Modern **Excel**

　第1章では、「Power Query（以下、パワークエリ）」の使い方を解説します。パワークエリは、データを分析できるようにするための「ETLツール」だとよくいわれます。ここではまず、ETLとは何か、どのように使うのかなど、パワークエリの基本的事項をご確認ください。ここでの目標は、Excelとパワークエリを行ったり来たりできるようになることです。まずは、パワークエリの出入り口を理解してください。

「ETL」とは何か

　ETLは「Extract（抽出する）」「Transform（変換する）」「Load（読み込む）」の頭文字です。ETLツールは、必要なデータを抽出し、利用しやすい形に変換したうえで、目的の場所に読み込むために用います。大量のデータを分析したり、システム間のデータ連携を実現したりするのに必須のツールといえるでしょう。

Extract （抽出する）	Excel、Access、CSV、Web、リレーショナルデータベース、JSONドキュメント、Azureなど、さまざまなデータソースからデータを抽出する
Transform （変換する）	データの突合、クレンジング、追加、削除などにより、データを分析・集計・利用できるように変換する
Load （読み込む）	変換したデータを「テーブル」「ピボットテーブル」「ピボットグラフ」に読み込めるほか「接続の作成のみ」として詳細データをパワークエリに格納したままとすることもできる（52ページ図36参照）

図1　ETLは、「抽出する」「変換する」「読み込む」を表す英単語の頭文字。これらの作業を通じて、分析に必要なデータを準備する

このETLは、モダンExcelを活用する際に理解しておく必要がある概念の一つです。データを分析可能にするには、「データを抽出し、変換し、読み込む」というETLにより、データを整理する必要があります（図1）。

そして、モダンExcelにおいてこのETLを担うのが、パワークエリです（図2）。ExcelやAccess、CSV形式のテキストのほか、Webやデータベースなどにも接続でき、さまざまな形式のデータを対象にデータの重複や揺れなどを修正したり、データを正規化したりする「データクレンジング」が簡単にできます。つまりパワークエリは、まとまりのない"汚れた"データを「1列1項目」「1行1件」の"きれいな"データにして、分析しやすいように整理するツールだと考えると分かりやすいでしょう。さらに、元のデータをそのままにした状態で、データの処理過程を「適用したステップ」として明示できる点も魅力。経営管理で使うデータ変換機能をほぼ網羅しています。

一方、「Power Pivot for Excel（以下、パワーピボット）」は、パワーク

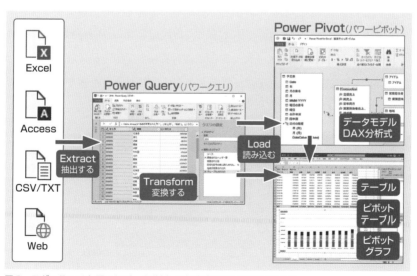

図2　モダンExcelを用いたデータ分析・可視化（見える化）のプロセス

エリできれいに整理されたデータを、データモデルに追加してピボットテーブルで分析することを可能にするツールです。これについては第2章で詳しく解説します。

　ごく簡単にいえば、パワークエリはデータ処理の前段階で、データ収集やデータ整理をするツールだといえます。他方パワーピボットは、ピボットテーブルの機能を拡張した、その名の通り"ピボットテーブルのパワフル版"であり、データ処理の後段階を担当します。複数のデータをリレーションシップし、ピボットテーブルやピボットグラフでデータを可視化（見える化）するツールだといえます。

　パワークエリとパワーピボット、2つのモダンExcelツールを使うことで、より複雑なデータ分析が比較的簡単に実行可能となる、こうした全体像をつかんでおいてください。

「Power Query エディター」を起動する

　それでは、パワークエリを実際に起動してみましょう。Excelを起動したら、「データ」タブの左端にある「データの取得と変換」グループに注目してください（図3）。従来のExcelでは「外部データの取り込み」と書かれていたグ

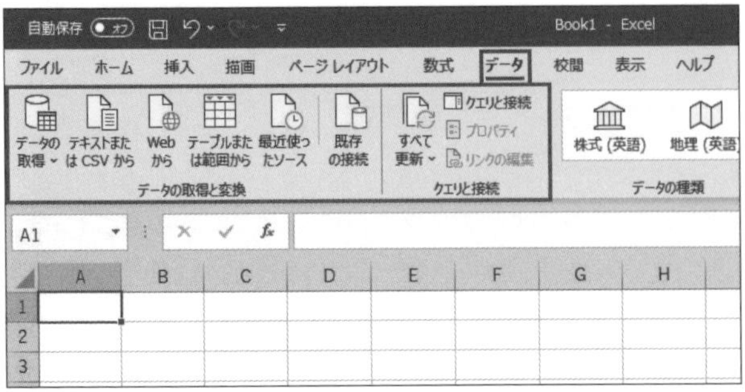

図3　Excelの「データ」タブにある「データの取得と変換」グループがパワークエリの入り口。その隣の「クエリと接続」グループもパワークエリで利用する

ループ名が、現在は「データの取得と変換」に変更されています。ここがパワークエリの入り口です。

パワークエリを起動するには、「データの取得」ボタンをクリックして、開くメニューにある「Power Query エディターの起動」を選びます（図4）。すると、パワークエリの編集画面である「Power Query エディター」が起動します（図5）。

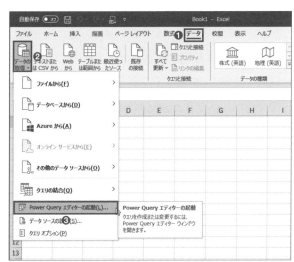

図4　Excelの「データ」タブにある「データの取得」ボタンをクリック（❶❷）。開くメニューから「Power Query エディターの起動」を選ぶ（❸）

図5　「Power Query エディター」の画面。初回は空の状態で起動する

　初めてPower Queryエディターを起動した場合、中身は空っぽの状態です。実際は、ここに処理対象とするデータを取り込む必要があります。前ページ図4で示した「データの取得」ボタンのメニューには、Power Queryエディターにデータを取り込むための項目がたくさん用意されていることに気付いたでしょう。実務上の手順としては、いきなり「Power Queryエディターの起動」を選択するのではなく、「データの取得と変換」グループにあるボタンや、図4のメニューから取り込みたいデータの種類を選択し、データをパワークエリに取り込むことから始めるのが一般的です。

　例えば、現在開いているExcelのシートを対象とする場合、そのデータ範囲を選択した状態で、「テーブルまたは範囲から」（または「シートから」）を選択することで、Power Queryエディターにデータを取り込むことができます。テキストファイルの場合は「テキストまたはCSVから」、PDFファ

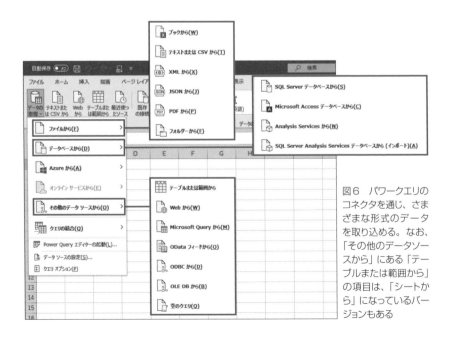

図6　パワークエリのコネクタを通じ、さまざまな形式のデータを取り込める。なお、「その他のデータソースから」にある「テーブルまたは範囲から」の項目は、「シートから」になっているバージョンもある

イルの場合は「PDFから」、本章PART3で後述する「フォルダー接続」機能を利用したい場合は「フォルダーから」をそれぞれ選択することで、Power Query エディターにデータを取り込めます（84ページ参照）。

　ほかにも、Webをはじめ、実にさまざまなデータをPower Query エディターに取り込むことができます。このデータの取り込み口のことを、「パワークエリのコネクタ」と呼びます。いろいろ試してみてください（図6）。

Excelシート上のデータをパワークエリに取り込む

　実際に、パワークエリにデータを取り込んでみましょう。ここでは基本的な例として、Excelのシート上にあるデータを取り込む操作を紹介します。

　まずシート上で、パワークエリに取り込みたいデータの範囲を選択します。続いて「データ」タブの「データの取得と変換」グループにある「テーブルまたは範囲から」ボタンをクリックしてください（図7）。「データの取得」ボタ

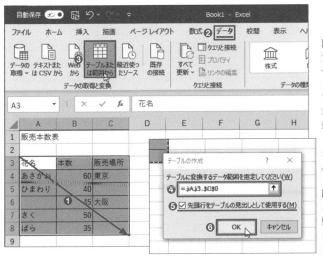

図7　取り込みたいデータ（図ではA3～C8セル）を選択し（❶）、「データ」タブにある「テーブルまたは範囲から」（最新版では「シートから」）ボタンをクリック（❷❸）。「テーブルの作成」画面が開くので、選択した範囲が指定されていることを確認（❹）。「先頭行を…」にチェックを付けて「OK」ボタンを押す（❺❻）

ンをクリックし、メニューから「その他のデータソースから」→「テーブル
または範囲から」を選択しても構いません。

　すると、「テーブルの作成」という画面が現れます。ここに、あらかじめ
選択したデータの範囲（前ページ図7ではA3〜C8セル）が指定されている
ことを確認してください。今回のデータは、先頭行が列見出しになっていま
すので、「先頭行をテーブルの見出しとして使用する」にチェックを付けて
「OK」を押すと、選択した範囲が「テーブル」に変換されると同時に、「Power
Queryエディター」が起動します（図8）。そしてPower Query エディター
の中には、テーブルのデータが取り込まれていることが分かります。

　ここで、Power Queryエディターの画面構成を確認しておきましょう。
具体的な操作方法は後述しますので、まずは画面内の各エリアがどのような
役割を担うのかを確認してください（図9）。

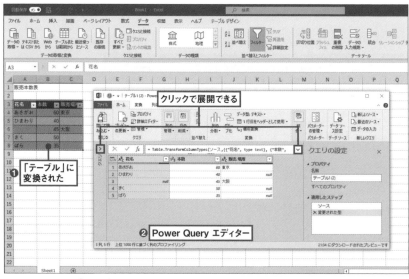

図8　選択範囲が「テーブル」に変換される（❶）と同時に、そのデータを取り込んだ状態でPower
Queryエディターが起動する（❷）

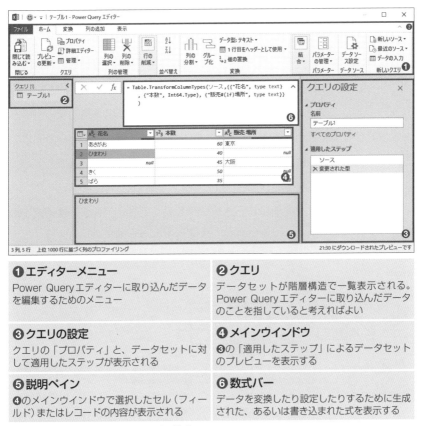

❶ エディターメニュー
Power Query エディターに取り込んだデータを編集するためのメニュー

❷ クエリ
データセットが階層構造で一覧表示される。Power Query エディターに取り込んだデータのことを指していると考えればよい

❸ クエリの設定
クエリの「プロパティ」と、データセットに対して適用したステップが表示される

❹ メインウインドウ
❸の「適用したステップ」によるデータセットのプレビューを表示する

❺ 説明ペイン
❹のメインウインドウで選択したセル（フィールド）またはレコードの内容が表示される

❻ 数式バー
データを変換したり設定したりするために生成された、あるいは書き込まれた式を表示する

図9　Power Query エディターの画面構成

パワークエリの多彩な機能

　Power Query エディターのメニューは5つのタブで構成されています。そのうち、データクレンジングに使うのは「ホーム」「変換」「列の追加」という3つのタブです。大半のデータクレンジングはこれら3つのタブで可能です。

　以下、それぞれのタブごとに機能の概要を見渡しておきましょう。パワークエリでどんなことができるのか、イメージが湧いてくるはずです。

「ホーム」タブ

　「ホーム」タブには、よく使う機能のボタンが勢ぞろいしています（図10）。一部のボタンはほかのタブにもありますが、機能は一緒です。パワークエリでデータ更新した際に用いる「プレビューの更新」、Excelでおなじみのデータの「並べ替え」もここにあります。行や列の操作、編集をするメニューもあり、不要な「列の削除」「行の削除」も簡単です。

　なお、不要なデータを削除するとデータを軽くでき、データ処理時間を節約できます。大量のデータを扱う際、不要なデータを削除し、必要なデータ

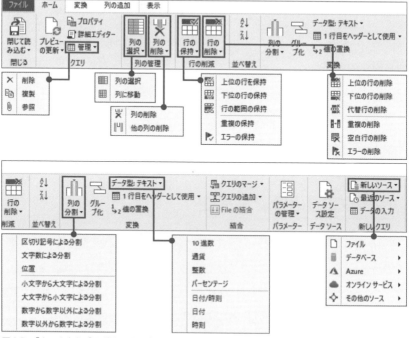

図10　「ホーム」タブのボタンと、主なメニュー項目（スペースの都合で上下2段に分けて表示）

のみを対象にするというのはデータ分析で大切な視点の一つでもあります。

　右端のほうにある「新しいクエリ」グループの各機能や「パラメーターの管理」は中級者からの機能です。「新しいソース」のメニューでは、Excelの「データの取得」メニューと同様、さまざまな形式のデータを取り込めます。

　Power Queryエディターでの操作を終了してExcelの画面に戻るには、左端にある「閉じて読み込む」ボタンをクリックします。すると操作した結果をExcelのシートに読み込めます（50ページ参照）。

　ここで、パワークエリによる簡単な操作を実際に行ってみましょう。図11では「千代田区永田町1-6-0」といった住所の一覧から、「千代田区永田町」という町名までと、数字で記載された番地以降を分割しています。このような操作も、パワークエリの「ホーム」タブにある「列の分割」メニューから「数

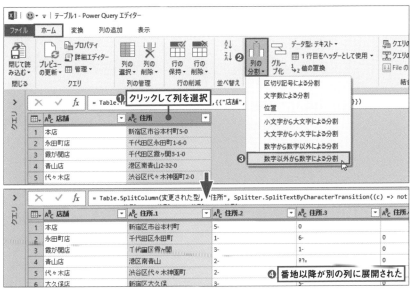

図11　住所データをPower Query エディターに取り込んだ後、住所の列を選択して「ホーム」タブにある「列の分割」→「数字以外から数字による分割」を選ぶ（❶～❸）。これだけで、町名までと、番地以降の数字を分割できる（❹）

字以外から数字による分割」を選ぶだけで可能です。

　なお、前ページ図11の例では番地以降の数字が3つの列に分割されます
が、これらを1列に結合（マージ）することもマウス操作で簡単に可能です。
後述する「変換」タブにある「列のマージ」を使えば一瞬です（図12）。

　従来のExcelにも、データを分割するための「区切り位置」機能がありま
すが、特定の文字数や区切り記号で分割することしかできません。そのため、
図11のようなケースでは、番地を表す数字が何文字目から始まるのかを1

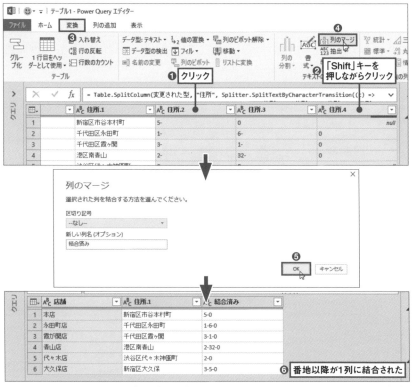

図12　3つに分かれた番地以降の列を1列にまとめるには、1列目をクリックして選択後（❶）、
「Shift」キーを押しながら3列目をクリック（❷）。3列を選択した状態で「変換」タブにある「列の
マージ」ボタンを押す（❸❹）。開く画面ではそのまま「OK」を押せばよい（❺❻）

セルずつ検索するプログラムをVBAで作成するなど、高度な技術が必要でした。また、従来のExcelによる「文字列の結合」は、「&」（アンパサンド）演算子やCONCAT関数を使う必要があるなど、結構面倒です。

　一方、モダンExcelなら図11、図12の通り、メニューやボタンの操作だけでOK。関数やVBAを使わなくても、ノンプログラミングで簡単に分割や結合（マージ）ができます。これはほんの一例です。パワークエリの基本をマスターすることで、従来は難しかったこと、あるいは相当な手間や技術が必要だったことが、あっという間にできるようになります。

「変換」タブ

　「変換」タブは、文字通り、データの変換操作に関わるボタンやメニューが並んでいます（図13）。後述する「列の追加」タブと重複するボタンもありますが、「変換」タブを使うと元データを変換するのに対して、「列の追加」

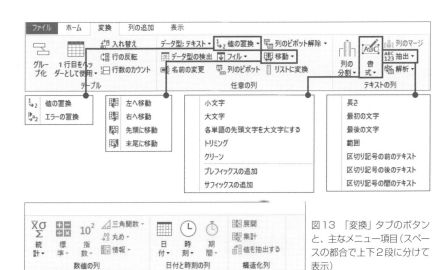

図13 「変換」タブのボタンと、主なメニュー項目（スペースの都合で上下2段に分けて表示）

タブでは元データをそのまま残し、変換や計算などしたデータ列を新たに追加する、という違いがあります。

　Excelでおなじみの「値の置換」、行列の「入れ替え」のほか、行の並びを逆順にする「行の反転」、「行数のカウント」などの操作が可能です。Null（ヌル）値と呼ばれるデータの欠損値がある場合、「フィル」という機能を使えば簡単にデータを補正できます。「抽出」というボタンがありますが、これは文字列操作のワークシート関数であるLEFT関数やRIGHT関数などと同様の役目を果たします。

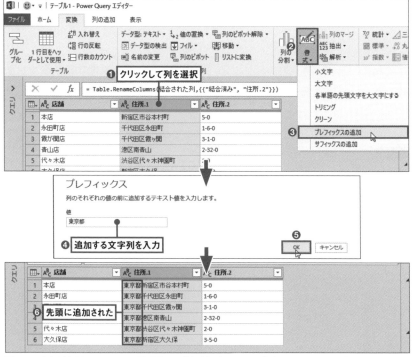

図14　文字列を付け足したい列を選択し、「書式」ボタンから「プレフィックスの追加」を選択（❶～❸）。追加したい文字列（ここでは「東京都」）を入力して「OK」を押すと（❹❺）、その文字列が先頭に追加される（❻）。なお、「プレフィックス」は接頭辞、「サフィックス」は接尾辞を意味する

「解析」ボタンは、XMLとJSONというデータ形式に対応するもので、中上級者向けの機能です。「数値の列」グループでは各種の計算、「日付と時刻の列」グループでは日数の計算なども可能です。一番右にある「構造化列」グループは2020年に追加された新機能で、複数列にまたがるデータを一列にまとめておき、必要に応じてデータを取り出すことができます。

ここでも、簡単な操作例を見てみましょう。例えば「書式」ボタンで開くメニューを使うと、英字の大文字と小文字を変換したり、先頭だけ大文字にしたりと、表記の揺れを簡単に解消できます。さらに、データの先頭や末尾に特定の文字列を追加することも可能です（図14）。

「列の追加」タブ

「列の追加」タブは、左端の「全般」グループだけがこのタブ特有の機能です（図15）。そのほかは前述の「変換」タブと同じ機能になります。違いは、「変換」タブから実行すると元データ自身が変換されるのに対し、「列の追加」タブから実行すると元データを残したまま新たに列を追加して処理するという点です。

ここで、「列の追加」タブ特有の機能のうち、「例からの列」という機能を紹介します。ユーザーの意図をパワークエリが自動的にくみ取って、データ

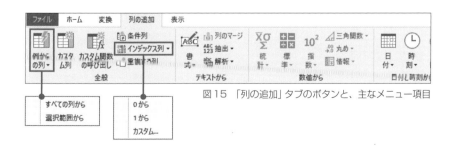

図15 「列の追加」タブのボタンと、主なメニュー項目

を生成してくれる機能です（図16）。

例えば、姓と名が別々の列に入力されたデータから、姓名を結合した列を作成するといったことが簡単にできます。「例からの列」を実行すると、右側に空白列が追加されるので、その1行目に、"得たい結果の例"を手入力、またはダブルクリック後に表示される候補の中から選択して「Enter」キーを押します。すると、2行目以下に「あなたが得たいのは、このような結果ですか？」という候補が自動表示されます。問題なければ「OK」を押すだけ

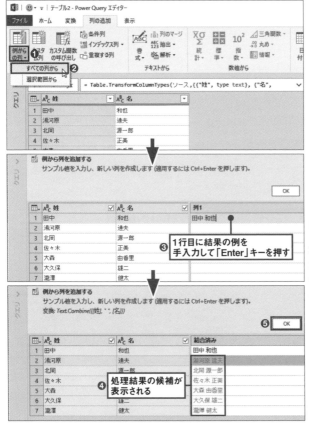

図16 「例からの列」のメニューから「すべての列から」を選択（❶❷）。右側に追加された空白列の1行目に、結合した結果の"例"を手入力して「Enter」キーを押す（❸）。手入力せずに、ダブルクリック後に表示される候補の中から選択してもよい。すると、2行目以下に処理結果の候補が示されるので（❹）、それでよければ「OK」ボタンを押す（❺）

で完了です。Excelのシート上で利用できる「フラッシュフィル」機能に似たものといえます。

パワークエリでは、ここで紹介した「ホーム」タブ、「変換」タブ、「列の追加」タブを頻繁に使い、大半のデータクレンジングはこれら3つのタブで行えます。

今回紹介したのはごく簡単な操作例ですが、パワークエリには、たくさんのデータクレンジング機能が備わっています。ぜひ本書のサンプルデータまたはお手持ちのデータで、パワークエリの多彩な機能を試してみてください。

ワンポイント

エラーなどの「表示」もできる

「表示」タブの「データのプレビュー」グループにある「列の品質」「列の分布」という項目にチェックを付けると、「有効」「エラー」「空」「個別」「一意」と縦棒グラフで示される分布などでデータの状況を一覧できるようになります（図A）。

図A　パワークエリの「表示」タブを使えば、エラーの状況なども表示できるようになる

「適用したステップ」に処理過程が記録される

　Power Query エディターの画面右側にある「適用したステップ」欄には、データの加工や変換の処理が「ステップ」として記録され、どのようにデータを処理しているのかがひと目で分かります。ほかの人が後から見た場合も、データ処理のステップを確認できるので便利です（図17）。

　「適用したステップ」欄で項目を選択すれば、どのような処理をしたステップなのかをメインウインドウでプレビュー表示できます（図18）。

　「このステップを先に実行したほうがよいかも……」といった場合は、該当するステップをクリックして選択し、移動したい場所にドラッグ・アンド・ドロップする、あるいは該当ステップ上で右クリック後に現れる画面で「前に移動」「後に移動」をクリックすれば、ステップの順番の変更も可能です。

　なお「変更された型」のように、パワークエリにデータを取り込むと同時に自動で追加されるステップもあります（43ページ参照）。

　パワークエリに慣れないうちは、同じような処理を何度も「適用したステップ」に残すことがあります。「適用したステップ」が多くなると、その分だけ

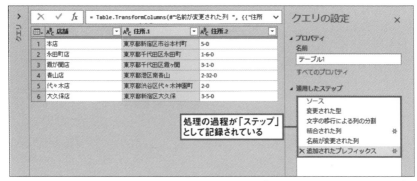

図17　Power Query エディターでの処理内容は、画面右側の「クエリの設定」ウインドウにある「適用したステップ」欄に記録される

データ処理の負荷がかかりますので、可能な限りデータ処理のステップは減らしたほうがよいでしょう。そこで、ステップを見直し、残しておく必要のないステップを削除します。この操作は、「適用したステップ」欄でマウスポインターを合わせ、左端に現れる「×」印をクリックします（図19）。

　データ処理の過程で期待する結果が得られない場合に、データ処理を比較的簡単に見直せるのがパワークエリの便利なところです。元のデータはそのままに、データ処理過程を明示できるパワークエリのこうした機能は、従来のExcelにはない斬新な機能だといえます。

　ちなみに、「適用したステップ」欄の各ステップに、任意の名前を付けることもできます。自動化を考えたり、自分以外の人がパワークエリによるデータ処理過程を検証したりすることを考えれば、パワークエリが既定で付ける名前より、分かりやすい名前に変えておくのもお勧めです。データの可読性が高まり、後で確認や修正をするときに便利です。この可読性の大切さにつ

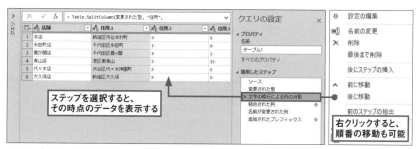

図18　「適用したステップ」欄で項目を選択すると、そのステップでの処理結果を表示できるので、どのようにデータを加工してきたか後から確認しやすい。各ステップを移動することもできる

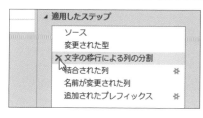

図19　「適用したステップ」欄で不要なステップを削除するには、ポインターを合わせると左端に表示される「×」印をクリックする

いては、175～179ページも参照してください。

　ステップ名を変更するには、「適用したステップ」欄でステップ名を右クリックし、「名前の変更」を選びます（図20）。クリックして、分かりやすい名前に変更します。その際、名前にスペース（空白）や記号を含めるのは避けましょう。例えば、「住所分割」を「住所　分割」のように書くと、「適用したステップ」欄ではそのまま表示されますが、数式バーに表示されるパワークエリが用いるM言語の式では、「#"住所　分割"」のように「#"　"」が付加され、式が読みづらくなり、その後の処理過程でエラーになることもあるからです。

　なお、クエリの名前も「クエリの設定」ウインドウの「プロパティ」欄など

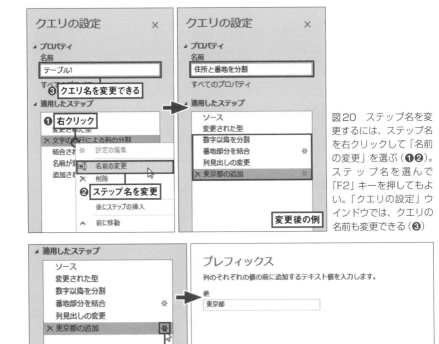

図20　ステップ名を変更するには、ステップ名を右クリックして「名前の変更」を選ぶ（❶❷）。ステップ名を選んで「F2」キーを押してもよい。「クエリの設定」ウインドウでは、クエリの名前も変更できる（❸）

図21　ステップ名の右側に表示される歯車マークをクリックすると、開く画面で実行する際の値の内容を変更できる

で変更することができます。

　「適用したステップ」欄の便利な機能の一つに、ステップ名の右側に表示される歯車（ギア）のマークをクリックすると、処理の内容を変更できるというものがあります（図21）。文字列や数値を指定して実行する処理の場合など、実行時の値を後から変更できるのです。歯車マークをクリックすると、入力画面が開くので、最初に処理したときとは異なる値を指定することで、処理内容を変更できます。

　従来のExcelでは加工後のデータを元の状態に戻したり、データ加工の途中段階を修正したりすることはかなり難儀でしたが、こうしたこともパワークエリを使えば簡単にできてしまいます。

　「適用したステップ」は常に同じ処理を実施することになるので、定型業務にも最適です。月次更新される財務データを用いて変動費と固定費に分けて損益分岐点分析を行うなどの場合は、元データとなる月次財務データを差し替えればよいだけです。いちいち最初からExcelでセルに数式を入力したりする必要もなく、差し替え用のデータを用意すればデータの集計や分析を自動更新できるというのは、大変優れた機能だと思います。

「適用したステップ」と「詳細エディター」の関係

　ここで、「適用したステップ」で実行される内容を、M言語のプログラムとして確認できる「詳細エディター」について触れておきましょう。

　パワークエリは、M言語でETL（抽出・変換・読み込み）を行います。「M」は「mashup（マッシュアップ）」を指し、複数のデータを組み合わせる、というような意味になります。M言語は奥が深く、さまざまなことができますが、最初はそれほど意識する必要はありません。ノンプログラミングで多彩なデータ操作ができる点が、パワークエリの利点だからです。ただし、その背後で

M言語が動いている点は念頭に置いておくとよいでしょう。最初は基本的なところを理解するように心がけてください。

Power Queryエディターでクエリを開いた状態で「ホーム」タブ、または「表示」タブにある「詳細エディター」ボタンをクリックすると、「詳細エディター」画面が開きます（図22、図23）。そこに表示されるのが、M言語の式（プログラム）です。

内容を見ると、「let」で始まり「in」で終わる構文の形式で表現されていて、その中に個々の操作を表す式が記載されていることが分かります。例えば、letの次の行の「ソース = Excel.CurrentWorkbook()…」は、「元データとなるソースは、Excelの現在のワークブックです」という意味になります。

「適用したステップ」の一覧で各ステップを選択したときの「数式バー」の表示と、letとinの間の各行を見比べると、同じ内容になっています。つまり、Power Queryエディターのメニューやボタンで実行した操作は、背後で自動的にM言語のプログラムに変換されて、そのプログラムを確認したり、

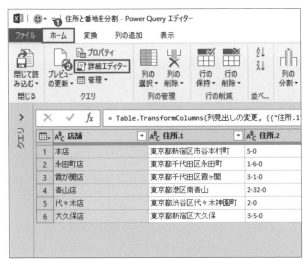

図22 「ホーム」タブにある「詳細エディター」ボタンをクリックすると（❶❷）、開いているクエリの操作内容を詳細に確認できる

編集したりできるのが「詳細エディター」というわけです。

このM言語はコピペができます。つまり、同じデータ処理過程であれば、M言語をコピペして処理プロセスを使い回すことができるのです。これは、元データであるソースを変更するだけで同じ処理を自動的に行えることを意味します。

なお、「詳細エディター」の標準の表示では、M言語のプログラムを確認しにくいかもしれません。1行の式が長いと横にスクロールして内容を確認する必要がありますし、全体の何行目かも分かりません。空白文字があっても気付きにくいです。こうした不便は、「詳細エディター」の右上の「表示オプション」を変更するとすべて解決できます。4つあるオプションのうち、「行番号の表示」「空白文字の表示」「ワードラップを有効にする」という3つのオプションにチェックを付けておくと便利です（次ページ図24）。

図23　クエリの操作内容は、背後でM言語を用いたプログラムに変換されている。それを確認・編集できるのが「詳細エディター」だ。「let」と「in」の間には、「適用したステップ」欄に並ぶ各ステップが、1行ずつの式になっている

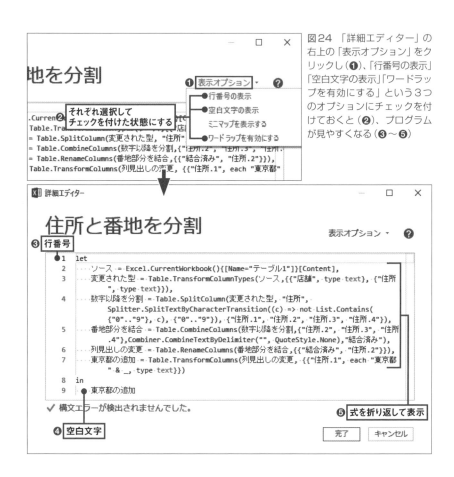

図24 「詳細エディター」の右上の「表示オプション」をクリックし（❶）、「行番号の表示」「空白文字の表示」「ワードラップを有効にする」という3つのオプションにチェックを付けておくと（❷）、プログラムが見やすくなる（❸〜❺）

「データ型」の種類と変更

　「適用したステップ」や「詳細エディター」でクエリの操作内容を見ると、「変更された型」という式があることに気付くでしょう。この「型」とはいわゆる「データ型」のことで、データベースやプログラムにおいてとても重要な概念です。簡単にいえば、「データの種類」を意味するものですが、データベースやプログラムにおいては、データ型を正しく設定しないと、うまく動作し

なかったり、動いているように見えても間違った結果をもたらしたりします。
パワークエリでも同様です。

例えば、同じ「1」「2」「3」という数字でも、これを「整数」として扱うか
「テキスト(文字列)」として扱うかで、処理の仕方が変わります。「整数」で
あれば計算できますが、「テキスト」にすると計算はできません。そのため、
不適切なデータ型を設定してしまうと、思わぬトラブルにつながります。

パワークエリ上で、データがどのような型になっているかは、各列の列見
出し(ヘッダー)部分を見れば分かります。左端にある [ABC] などのアイコンが
データ型を表しています(図25)。パワークエリにデータを取り込むと、パ
ワークエリが自動的にデータ型を判別し、設定してくれます。「適用したステッ
プ」欄にある「変更された型」というステップは、パワークエリが自動的に
型を設定している操作だったというわけです。

もし、パワークエリが設定した型が不適切な場合は、手動で変更しましょ
う。列見出しにあるアイコンをクリック、もしくは「変換」タブにある「デー
タ型:○○」というボタンをクリックすると、メニューからデータ型を選択
して変更できます(次ページ図26)。

「変換」タブにある「データ型の検出」を使えば、パワークエリの自動判別
機能を使って、データ型を一括変換することもできます(図27)。ただし、

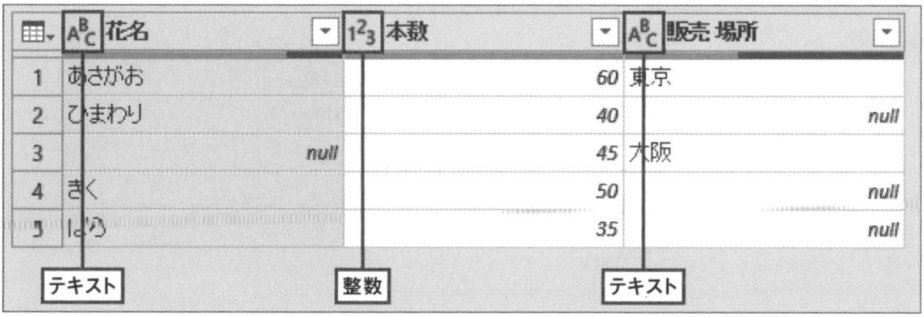

⊞▾	ᴬᴮC 花名	▾	1²₃ 本数	▾	ᴬᴮC 販売 場所	▾
1	あさがお			60	東京	
2	ひまわり			40		null
3		null		45	大阪	
4	きく			50		null
5	ばら			35		null

テキスト 整数 テキスト

図25　各列の見出し(ヘッダー)の左端にあるアイコンが、データ型を表す

100%正しく判別されるとは限らないので、適切なデータ型に変更されていることを必ず確かめてください。

　なお、第2章で解説する「パワーピボット」にもデータ型があります。パワークエリには図26のように、日付に関するデータ型が5つもあり、整数とパーセンテージも区別されていますが、パワーピボットのデータ型は全部で7つ（テキスト、整数、10進数、通貨、True/False、日付、バイナリ）です。しかし、実質的にはパワークエリと同じデータ型を有しています。

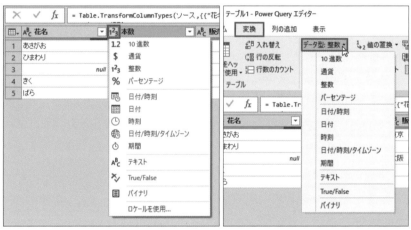

図26　列見出しの左端にあるアイコンをクリック（左）、または「変換」タブにある「データ型：○○」というボタンをクリックすると（右）、選択中の列のデータ型を変更できる

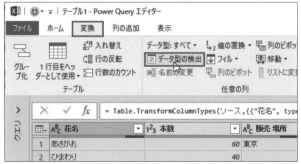

図27　「変換」タブにある「データ型の検出」をクリックすると、データ型を自動判別して一括変換できる

「銀行丸め」など、Excelと似て非なるところに注意

　パワークエリのユーザーの声として、「Excelと同じように操作しているつもりが、Excelと違う結果になり困っている」という指摘を耳にすることがあります。その一例が、「四捨五入」などの丸め（端数処理）に関するものです。戸惑いやすい点なので、ここで解説しておきます。

　パワークエリでは、「変換」タブの「数値の列」グループにある「丸め」のメニューで、数値を丸めることができます。計算対象を変換せずそのまま残

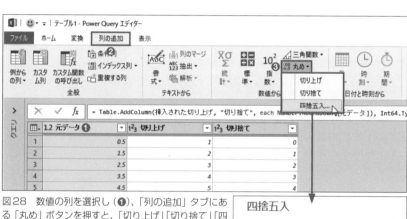

図28　数値の列を選択し（❶）、「列の追加」タブにある「丸め」ボタンを押すと、「切り上げ」「切り捨て」「四捨五入」という3種類を選べる（❷❸）。「切り上げ」と「切り捨て」は、それぞれ小数点以下を丸めた整数の列を追加できる。「四捨五入」を選ぶと、小数点以下の桁数を指定でき、「0」にすると整数にできる（❹）

図29　「切り上げ」と「切り捨て」は問題ないが、「四捨五入」の結果は、「2.5」が「2」、「4.5」が「4」のようになる。パワークエリは標準で「銀行丸め」と呼ばれる方式を採用するためだ

して、新たに計算結果の列を追加したければ、「列の追加」タブの「数値から」グループにある「丸め」を使います。いずれも、「切り上げ」「切り捨て」「四捨五入」という3種類の丸め処理を、メニュー操作だけでできます（前ページ図28、図29）。

ところが、パワークエリの「丸め」メニューで「四捨五入」した結果を見ると、一般的な四捨五入とは結果が異なることに気付くでしょう。小数点以下を四捨五入した場合、「2.5」が「2」、「4.5」が「4」という結果になります。ExcelのROUND関数を使って四捨五入した場合はそれぞれ「3」「5」となり、パワークエリの「丸め」処理と異なるのです。

このパワークエリによる四捨五入の方式を「銀行丸め」と呼んでいます。銀行丸めはVBAでも採用されている方式で、「偶数に近い方へ四捨五入する」という特徴があります。

なぜこのような「銀行丸め」をするかというと、金利計算と関係があります。図30をご覧ください。元データの合計は「50」です。一方、Excelで慣れ親しんだ一般的な四捨五入である「算術丸め」の結果が右列にありますが、合計は「55」です。中央の列が、パワークエリで標準の「銀行丸め」ですが、

	A	D	E
1	元データ	四捨五入（銀行丸め）	四捨五入（算術丸め）
2	0.5	0	1
3	1.5	2	2
4	2.5	2	3
5	3.5	4	4
6	4.5	4	5
7	5.5	6	6
8	6.5	6	7
9	7.5	8	8
10	8.5	8	9
11	9.5	10	10
12	50	50	55

図30 「元データ」の小数点以下を四捨五入すると、「銀行丸め」は合計したときに元データの合計に近づけることができる。一方「算術丸め」では、合計したときの結果が元のデータと大きく異なってしまうことがある

この合計は「50」で、元データの合計と一致しています。

　このように「銀行丸め」による合計は、元データの合計に近づけることができ、金利計算への影響を最小限にできるのです。

　パワークエリの「丸め」は「銀行丸め」が標準仕様だということを知っておいてください。もちろん、M言語の命令を書けばパワークエリで「算術丸め」も計算できるので、ご安心ください。M言語の命令といっても、それほど難しいものではありません。

　「丸め」処理後、「ホーム」タブまたは「表示」タブの「詳細エディター」ボタンをクリックし「詳細エディター」を開いてM言語のコードを見ると、「切り上げ」は「Number.RoundUp」、「切り捨て」は「Number. RoundDown」、「四捨五入」は「Number.Round」というように3種類のM関数が使われているのが分かります（図31）。

　このうち「Number.Round」は「銀行丸め」で、Excelと同様に「算術丸め」

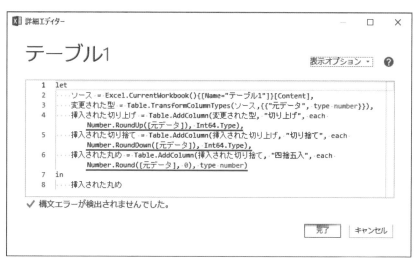

図31　「詳細エディター」でM言語のコードを見てみると、「Number.RoundUp」などの関数で「丸め」処理を行っていることが分かる

丸めの種類	M言語の関数（Power Query M関数）
切り上げ	Number.RoundUp
切り捨て	Number.RoundDown
四捨五入（標準の銀行丸め）	Number.Round
四捨五入 （算術丸め。正の数値を切り上げ、負の数値を切り捨て）	Number.RoundAwayFromZero
四捨五入 （正の数値を切り捨て、負の数値を切り上げ）	Number.RoundTowardZero

図32 「丸め」処理を行うM関数

図33 「列の追加」タブにある「カスタム列」ボタンをクリック（❶❷）。開く画面で列名を「四捨五入（算術丸め）」などと入力し（❸）、Number.RoundAwayFromZeroというM関数を使った式を入力する（❹）。「OK」を押すと計算結果を表示した新しい列が追加される（❺❻）

の四捨五入を行うには「Number.RoundAwayFromZero」というM関数を利用します（図32）。

　パワークエリでExcel同様の「算術丸め」を最も簡単に行うには、「丸め」のメニューで「四捨五入」を実行後、数式バーで「Number.Round」と入力された部分を「Number.RoundAwayFromZero」に書き換える方法です。

　別の方法として、計算列を追加する「カスタム列」機能も使えます。「列の追加」タブの「全般」グループにある「カスタム列」ボタンをクリックすると、画面が開きます（図33）。「新しい列名」に「四捨五入（算術丸め）」のように任意の列名を入力し、「カスタム列の式」にM言語による式を「Number.RoundAwayFromZero([元データ], 0)」のように入力します。「OK」ボタンを押せば、「算術丸め」で四捨五入したExcel同様の結果が、新しい列に追加されます。

ワンポイント

パワーピボットによる四捨五入

　第2章で解説する「パワーピボット」でも「ROUND」というDAX関数で四捨五入ができます。このDAX関数のROUNDは、Excelと同じ「算術丸め」になります（図A）。

元データ	ROUND	列の追加
0.5	1	
1.5	2	
2.5	3	
3.5	4	
4.5	5	
5.5	6	
6.5	7	
7.5	8	
8.5	9	

[ROUND]　　fx =ROUND([元データ], 0)

図A　パワーピボットのDAX関数であるROUNDは、「算術丸め」の四捨五入になる

なお、「Number.RoundAwayFromZero([元データ], 1)」のように、丸め関数の第2引数を「1」に変更すれば、小数点以下第2位を丸め、小数点以下第1位までの表示にできます。

パワークエリの処理結果をExcelシートに読み込む

Power Queryエディターの操作の基本が分かったところで、パワークエリで収集・整理したデータを、Excelに出力してみましょう。それには、「ホーム」タブにある「閉じて読み込む」ボタンの下半分をクリックし、メニューから「閉じて読み込む」または「閉じて次に読み込む」を選択します。

「閉じて読み込む」を選択すると、パワークエリのデータがExcelのシートに「テーブル」として読み込まれます。もともとシート上にあったデータをパワークエリで操作した結果は、元のテーブルとは別に新規のテーブルとして作成されます(図34)。

パワークエリの処理結果は、テーブルとしてExcelに読み込まれるので、

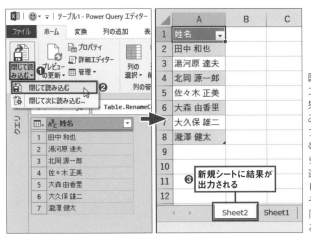

図34 Power Query エディターで操作した結果をExcelのシートに読み込むには、「ホーム」タブにある「閉じて読み込む」ボタンのメニューから「閉じて読み込む」を選ぶ(❶❷)。すると新しいシートが挿入され、そこに結果を出力した「テーブル」が作成される(❸)

この後で元のテーブルにデータを追加した場合も、すぐにそのデータを反映させることが可能です。「データ」タブにある「すべて更新」ボタンを押せば、追加データにも同じ処理が適用され、新しいテーブルに取り込まれます（図35）。

　ただし、パワークエリは無制限にデータを取り込めるのに対し、Excelには"104万行の壁"という制限があります。そのため、CSV形式などで104万行を超えるデータをPower Queryエディターに取り込んで操作した場合、図34左のメニューで「閉じて読み込む」を選んでExcelに出力しようとするとエラーになります。

　こうしたエラーを回避するには、図34左のメニューで「閉じて読み込む」ではなく、その下の「閉じて次に読み込む」を選択します。するとExcelのシートに「テーブル」としてデータを読み込む方法（「閉じて読み込む」と同じ結果になる）のほか、全部で4つの方法によりパワークエリで作成したデータ

図35　元データ（ここではシート上のテーブル）を追加した場合（❶）、「データ」タブにある「すべて更新」ボタンをクリックするだけで（❷❸）、同じ操作を適用して出力結果に加えられる（❹）。データの修正や追加にも即座に対応できる

をExcelに読み込むことができます（図36）。

　パワーピボットでデータを集計するだけで、Excel上にパワークエリで整理した詳細レベルのデータを明示する必要がなければ、「接続の作成のみ」を選べばよいでしょう。こうするとデータ量を減らすことができます。"104万行の壁"がExcelに存在することを考えれば、この「接続の作成のみ」を選択する機会が多くなると思います。

　「データ分析という仕事の半分は、データクレンジングにある」ともいわれますが、パワークエリを使うと、そのデータクレンジングを手早くスマートに実施できるようになり、かなり便利です。

　PART1では、Power Queryエディターの概要を説明して、まずはパワークエリに慣れていただきました。次のPART2では、もう少し実践的なデータクレンジングのテクニックを解説することにします。

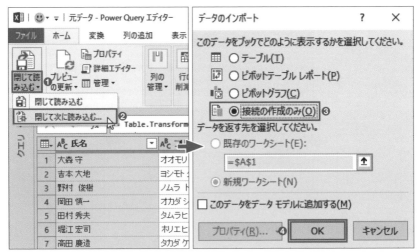

図36　「閉じて読み込む」ボタンのメニューで「閉じて次に読み込む」を選ぶと（❶❷）、「データのインポート」画面が開き、Excelで読み込む方法を選択できる。「テーブル」を選択すると、「閉じて読み込む」を選んだ図34と同じ結果になる。「接続の作成のみ」を選ぶと（❸❹）、104万行を超えるデータもパワークエリに格納でき、必要に応じてExcelに表示できる

ワンポイント

コンテンツの有効化と警告への対処法

　パワークエリで操作した結果を含むExcelファイルを開くと、シートの上部に「セキュリティの警告」というバーが現れて、「コンテンツの有効化」ボタンが表示されることがあります。自分で作成したファイルや、信頼できる相手から受け取ったファイルであれば、問題がないことを確認して「コンテンツの有効化」をクリックしてください。すると確認用の「セキュリティの警告」画面が開くので、「はい」をクリックします（図A）。

　なお、シートの上部に「セキュリティの警告」バーが表示されている状態でパワークエリを利用しようとすると、「セキュリティに影響を及ぼす可能性のある問題点が検知されました。」という警告画面が開きます。この場合も、問題がないことを確認し、「OK」をクリックすれば、図Aで「コンテンツの有効化」を選んだ場合と同じように、パワークエリを利用できるようになります。

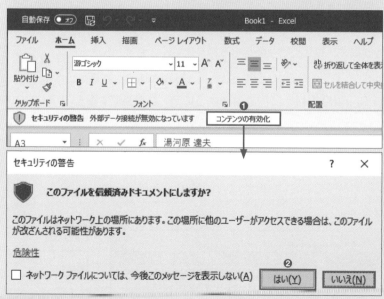

図A　パワークエリの結果を保存したExcelファイルを開くと、シート上部にセキュリティの警告が表示されることがある。信頼できるファイルであれば、「コンテンツの有効化」をクリックして（❶）、開く確認画面で「はい」を選べばよい（❷）

パスコード❸　Pm8E

Modern Excel

PART 2 データクレンジングの基本を知る

　PART2では、パワークエリが備える「データクレンジング」の機能について、より詳しく見ていきます。その前提になる知識として、「1列1項目・1行1件のテーブル」という考え方を確認しておきましょう。

　従来のExcelで表を作ったり、集計したりする際、「セル」でデータを捉えるのが一般的です。これに対し、モダンExcelでは「列」で考える必要があります。この点はモダンExcel初心者にとって、ちょっとしたハードルになりがちです。Accessなどのデータベースに慣れた人ならすんなり理解できると思いますが、データベースに不慣れで、かつExcelを日常的に使いこなしている人ほど、この点を理解するのに時間がかかるかもしれません。

　とはいえ、難しく考えることはありません。要するに、

● 「1列1項目」「1行1件」となるようにデータを整理する
● データを「テーブル」にして管理する

ということにつきます（図1）。

図1　モダンExcelでは、データを「列」で考える必要がある。また「テーブル」機能を使ってデータを管理する点もポイントだ

「テーブル」機能を活用しないと、大きなミスをする

Excelでは、セル単位でデータをベタ打ちして表を作ることがよくありますが、これは便利な半面、危険も満載だということを知っておくべきです。「ベタ打ちの表」を使っていたことが原因で、不祥事が頻発しているからです。集計ミスが発覚し、訂正報告書を提出する事態に至った某上場企業の事例や、本来通知すべきではない内容を通知したことで個人情報が漏洩した某自治体の事例など、枚挙にいとまがありません。

ここで、分かりやすい失敗例を紹介しましょう。図2をご覧ください。上図の表を、A列の「伝票日付」で「降順」に並べ替えると、下図のような結果となります。

種明かしをすると、これはベタ打ちの表（＝範囲）で、C列が空欄になっ

図2　上図の表（＝範囲）を、A列の「伝票日付」セルを選択した状態で「降順」に並べ替えると、下図のようになり、「伝票日付」と「伝票番号」に対し、「得意先コード」や「売上金額」などが不整合となってしまった

55

ているのがポイントです。ベタ打ちの表では、途中に空欄の列があると、そこを境に左右が別物の表として扱われてしまいます。前ページ図2の例では、A〜B列と、D〜F列で2つの表に分かれてしまうのです。この状態で「伝票日付」のあるA列で並べ替えをすると、A列に隣接するB列のデータまでは一緒に並べ替えられますが、空欄のC列を挟んだD〜F列はそのままとなり、並べ替えられないのです。

前述の某上場企業での訂正報告書に至った事例、某自治体で個人情報が漏洩した事例は、いずれもこうしたささいなことが原因です。すると、こう言い出す人が、結構います。

「だから、Excelではダメなんだ。"脱Excel"だ！」

しかし、そうではありません。Excelは全く悪くありません。「テーブル」機能を知らないから失敗するのです。

「テーブルでしょ。知ってるよ。表をきれいに色付けする、あれでしょ」と言う人がいたら、この人はテーブルという機能の半分も知りません。確かにテーブルを使えば、見栄え良く色付けもできます。しかし、テーブルは決

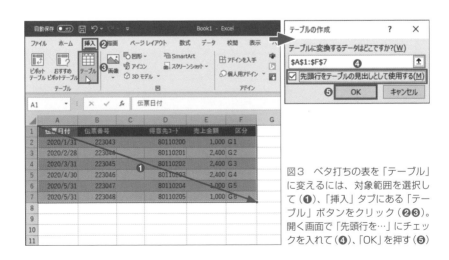

図3　ベタ打ちの表を「テーブル」に変えるには、対象範囲を選択して（❶）、「挿入」タブにある「テーブル」ボタンをクリック（❷❸）。開く画面で「先頭行を…」にチェックを入れて（❹）、「OK」を押す（❺）

して書式を設定するだけの機能ではないのです。

　表をテーブルにするには、表のセル範囲を選択して、「挿入」タブにある「テーブル」ボタンをクリックします。「テーブルの作成」画面が開いたら、必要に応じて「先頭行をテーブルの見出しとして使用する」にチェックを付けて「OK」を押します（図3）。

　図4は、図2と同様のデータをもとに「テーブル」を作成し、それをA列の「伝票日付」で「降順」に並べ替えた様子です。こちらもC列に空欄がありますが、A～B列とD～F列が分離することなく、データの整合性は保たれています。

図4 「テ　ブル」機能を活用すると、途中に空欄の列があっても、全体を1つのデータの固まりと捉え、並べ替えも適切に行われる

　「テーブル」はかつて「リスト」ともいわれていましたが、簡易の集計機能を持ち、「ピボットテーブル」のように使うこともできる機能です。前ページ図4の例では、A列からF列までが「テーブル1」という名前の1つのテーブルになっています。そのため、A列を基準に並べ替えを実行しても、空欄のC列を挟んだ右側のF列まで、きちんと並べ替えられます。「テーブル」機能を用いてデータを整理する──これが集計ミスを防止する基本であることは覚えておいてください。

　ちなみに、パワークエリに取り込むと、ベタ打ちの表も自動的に「テーブル」に変換されて取り込まれます。ベタ打ちの表をテーブルにせずそのまま残しておきたいという場合は、該当範囲を選択後、「数式」タブの「名前の定義」で表に名前を付けておくという方法があります。

きれいなデータに整える

　PART1で、パワークエリは"汚れた"データを「1列1項目」「1行1件」の"きれいな"データにして、分析しやすいようにデータを整理するツールだと述べました。これをデータベースの用語で「データクレンジング」といいます。

　ここでは代表的なデータクレンジング手法を3つ取り上げます。

---

①改行文字を除去する

②余計な空白文字を取り除く

②結合されたセルを正規化する

　これらのデータクレンジングがなぜ必要かという点を、図5のような簡単な表を例に、解説します。

①改行文字を除去する

　1つめの論点は「セル内での改行」です。図5のC3セルを見ると、「販売場所」という列見出しが2行で表示されています。これは「販売」と「場所」の間で「Alt」＋「Enter」キーを押して、セル内で改行しているためです。区切りの良い位置で改行し、小さなスペースで効率良く表示するために従来のExcelでよく使われる小技の一つです。

　しかし、これがデータベースでは致命傷になりかねません。「Alt」＋「Enter」キーで改行すると、改行位置には目に見えない"改行文字"が入力されてしまうからです。パワークエリでこのC3セルのデータを取り込むと、「販売場所」ではなく「販売#(lf)場所」として認識されてしまいます。「#(lf)」が改行文字のコードです。これが存在すると、データ処理上の思わぬトラブルが発生しかねません。よって、この改行文字は除去する必要があります。

②余計な空白文字を取り除く

　2つめの論点は、「余計な空白文字（スペース）」の存在です。図5のA8セルには「ばら」と入力されていますが、実は「ばら　」のように、見えない空白文字が後ろに付いています。このような目に見えない空白文字は、大きな

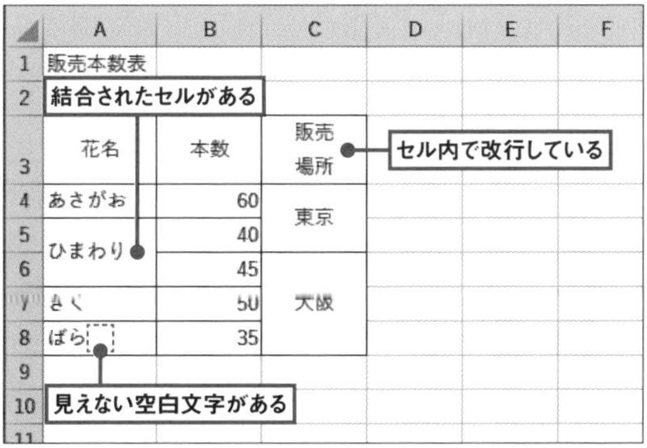

図5　データクレンジングが必要なデータの例。セル内での改行やセルの結合は集計・分析用のデータとしては不適切。またセルに余計な空白が入っていると、思わぬミスにつながる

ミスのもとです。例えば図6のように、右側にある単価表をVLOOKUP関数で検索してD列に表示させようとした場合に、「ばら」で検索しても「見つからない」という誤りが発生してしまいます。

　先日Twitterを眺めていると「俺の4時間を、返せ！」という衝撃ツイートを目にしました。何事かと読み進めると、VLOOKUP関数でデータ同士の突き合わせ（データ突合）をしても、全然うまくいかず4時間浪費してしまった、というのです。時間浪費の原因は非常に単純な話で、文字列後ろの半角スペースだったそうです。こうした"目に見えないスペース問題"は、実務でよくあることです。

③結合されたセルを正規化する

　3つめの論点は、「結合セル」の問題です。図5のA5～A6セルのようにセルが結合されていると、VLOOKUP関数でデータ突合をした結果が想定と異なってしまいます。図7をご覧ください。「ひまわり」の行のD5セルではVLOOKUP関数で単価を表示できていますが、D6セルは「#N/A」で

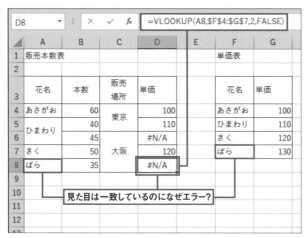

図6　右の単価表を参照するVLOOKUP関数の式を入力しデータの突き合わせを行ったが、「ばら」の検索に失敗。目に見えない「空白文字」が原因だ

エラーとなっています。これは、結合セルの値が、結合した範囲の先頭のセルの値として扱われるためです。ここではA5〜A6セルを結合しているため、「ひまわり」はA5セルの値として扱われ、A6セルは空欄として扱われます。そのため、D6セルのVLOOKUP関数はエラーになるわけです。

　これに対処するには、結合されたセルを「正規化」する必要があります。「正規化」とは、簡単にいえば、「1列1項目」「1行1件」のように「1つのセルに1つの値」とすることを意味します。

　上記①〜③のデータクレンジングを従来のExcelの機能で行おうとすると、工数がかかり、とても面倒です。しかし、モダンExcelのパワークエリなら、クリック操作だけであっという間に可能です。具体的には、

---

❶「クリーン」機能で改行文字を除去する
❷「トリミング」機能で空白文字を取り除く
❸「フィル」機能で連続データを入力する

という操作になります。順を追って解説します。

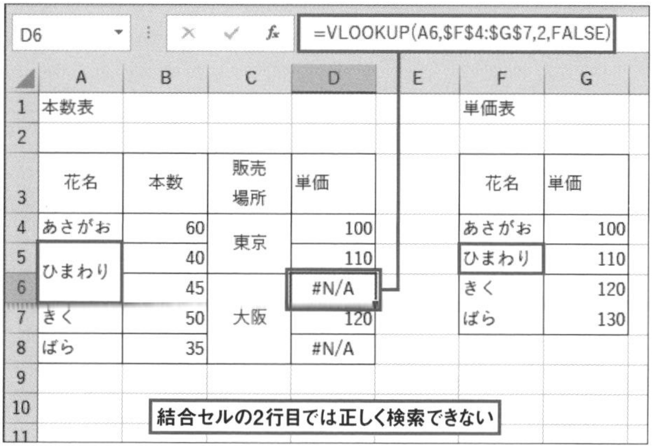

図7　A5〜A6セルが結合されているので、A6セルは空欄の扱いになる。そのため、VLOOKUP関数でA6セルを検索しても、「ひまわり」を検索できず、エラーとなる

表をパワークエリに取り込む

59ページ図5の「販売本数表」のサンプルを使って、実際にパワークエリによるデータクレンジングを体験してみましょう。

まず、パワークエリに取り込む「販売本数表」を範囲選択し、「データ」タブから「データの取得と変換」グループの「データの取得」ボタンをクリックします。PART1でも説明した通り、これがパワークエリの入り口です。「その他のデータソースから」→「テーブルまたは範囲から」と進みます（図8）。Excelのバージョンによっては、「シートから」という項目になっている場合もあります。なお、「データ」タブの「データの取得と変換」グループにある「テーブルまたは範囲から」ボタンをクリックしても同じです。

すると、それまで"ベタ打ちの表"だった「販売本数表」が「テーブル」に

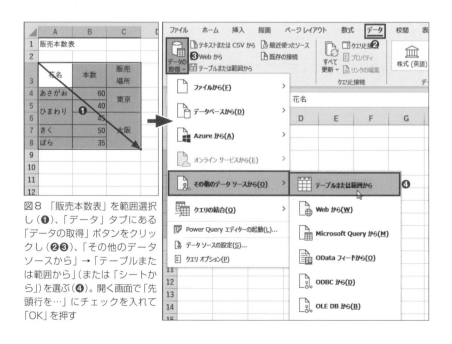

図8 「販売本数表」を範囲選択し（❶）、「データ」タブにある「データの取得」ボタンをクリックし（❷❸）、「その他のデータソースから」→「テーブルまたは範囲から」（または「シートから」）を選ぶ（❹）。開く画面で「先頭行を…」にチェックを入れて「OK」を押す

代わり、「Power Query エディター」に取り込まれます。パワークエリが初期設定のままであれば、図9のような状態になります。

列見出し（ヘッダー）も逃さずクレンジング

　手始めに、元の表の3列目「販売場所」という列見出しにあった「改行文字」を削除してみましょう。図9のパワークエリの画面で列見出しを見ると、3列目に「販売 場所」と表示されています。一見した限りでは分かりづらいのですが、前述したように、「販売」と「場所」の間には「改行文字」が入っており、パワークエリ上では「販売#(lf) 場所」となっていることが、数式バーを見ると分かります。

　この改行文字は取り除かなければなりませんが、列見出しにあるのでこのままではデータクレンジングできません。もちろん、列見出しをダブルクリックして直接編集することもできますが、列数が多い場合は見逃してしまった

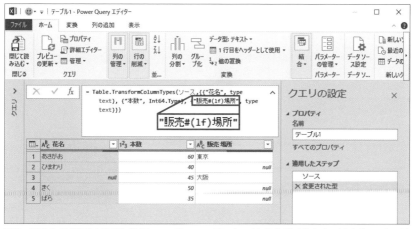

図9　図8左の「販売本数表」が「Power Query エディター」に取り込まれたところ（パワークエリが初期設定のままの場合）

り、1つずつ修正するのが大変だったりします。そこで、すべてのデータを確実に、まとめてクレンジングする方法をマスターしておきましょう。

　具体的にはまず、列見出しの部分をデータクレンジングが可能なデータ領域に移動します。それには「ホーム」タブ、もしくは「変換」タブにある「1行目をヘッダーとして使用」ボタンの下半分をクリックし、「ヘッダーを1行目として使用」を選びます（図10）。パワークエリでは、列見出しを「ヘッダー」と呼びます。すると、「販売 場所」というデータが列見出しから1行目のデータに移動し、パワークエリの持つデータクレンジングの機能を利用できるようになります。

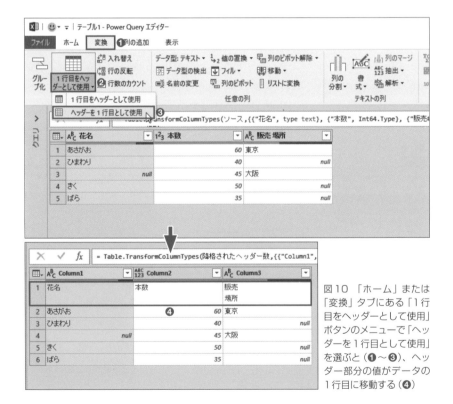

図10 「ホーム」または「変換」タブにある「1行目をヘッダーとして使用」ボタンのメニューで「ヘッダーを1行目として使用」を選ぶと（❶～❸）、ヘッダー部分の値がデータの1行目に移動する（❹）

余計な改行文字や空白文字を取り除く

余計な改行文字を除去するには「クリーン」機能、空白文字（スペース）を削除するには「トリミング」機能を使います。いずれも対象の列を選択した後、「変換」タブにある「書式」ボタンを押し、メニューから選ぶだけでOKです（図11）。すべての列を対象にしたければ、どれか一列を選択後、「Ctrl」＋「A」キーを押してすべての列を選択してから実行すると簡単です。

なお、ここでは改行文字を削除するために使いましたが、「クリーン」は「印刷できない制御文字」を削除する機能です。また「トリミング」は値の前後にある空白文字を削除する機能です。

「書式」ボタンのメニューには、このほかに小文字と大文字を相互に変換

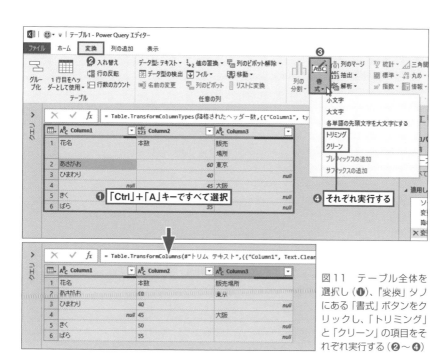

図11　テーブル全体を選択し（❶）、「変換」タブにある「書式」ボタンをクリックし、「トリミング」と「クリーン」の項目をそれぞれ実行する（❷〜❹）

する機能や、「各単語の先頭文字を大文字にする」という機能があります。また、「プレフィックスの追加」は接頭辞として、「サフィックスの追加」は接尾辞として、値の前後にテキスト値を追加することができます。

データがない箇所（null）を埋める

　続いて、結合されたセルの正規化です。図12の右に示したパワークエリの画面をご覧いただくと、「null」という表示が見えます。これは「データがない」ということを表します。nullは、Excelの「空白セル」と同じような概念です。

　もともとExcelにあった「販売本数表」と、パワークエリでの操作結果を比較してみましょう。元の表で結合されているセル範囲、例えばA5〜A6セルにまたがる「ひまわり」の部分は、パワークエリ上では1つめのセルに値が残り、2つめのセルは「null」になっていることが分かります。

　パワークエリ上で「null」と表示されている箇所は、元の表の意味するところを考えると、いずれも上のセルと同じ値が入るべきことが分かります。例えば「花名」の列「Column1」にある3行目の「ひまわり」の下の「null」（4行目）には、同じ「ひまわり」と入れるのが正解です。元の表では、A5セル

	A	B	C	D
1	販売本数表			
2				
3	花名	本数	販売場所	
4	あさがお	60	東京	
5	ひまわり	40		
6		45		
7	きく	50	大阪	
8	ばら	35		
9				

	ABC Column1	ABC Column2	ABC Column3
1	花名	本数	販売場所
2	あさがお	60	東京
3	ひまわり	40	null
4	null	45	大阪
5	きく	50	null
6	ばら	35	null

図12　Excelシートの元表（左）と、パワークエリで取り込んだ結果（右）。パワークエリ上で「null」と表示された箇所に注目しよう

にもA6セルにも同じ「ひまわり」を入力すると重複するので、見た目を重視してセル結合を用いたのでしょうが、それではデータベースとして使えない、不適切なデータの状態となります。

データベースとして使えるようにするには、「ひまわり」の下の「null」にも「ひまわり」と表示させ、「1列1項目」「1行1件」のデータにする必要があります。ここで活躍するのが「フィル」機能です（図13）。ちなみにフィル（fill）とは「いっぱいにする」「満たす」という意味です。

「フィル」機能ですべての「null」を埋められたら、ヘッダー部分を元に戻しましょう。「1行目をヘッダーとして使用」ボタンの下半分をクリックして、メニューから「1行目をヘッダーとして使用」を選択すればOKです（次ページ図14）。これで「販売本数表」のデータクレンジングは完了です。

図14下の状態を元の表（図12左や図10上）と見比べると、1列目の「花名」列には「ひまわり」が2つあります。3列目のヘッダー「販売場所」には

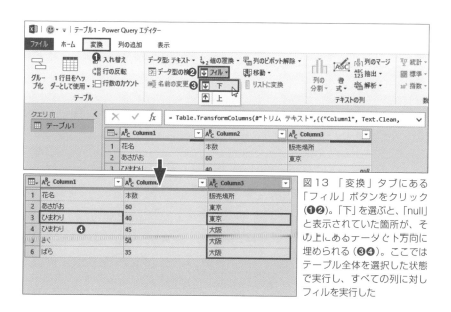

図13 「変換」タブにある「フィル」ボタンをクリック（❶❷）。「下」を選ぶと、「null」と表示されていた箇所が、その上にあるデータと下方向に埋められる（❸❹）。ここではテーブル全体を選択した状態で実行し、すべての列に対しフィルを実行した

空白が消え、改行もされていない状態になっています。そして、データ行には「東京」が2つ、「大阪」が3つあります。

このように、「花名」列には花名を、「販売場所」列には東京や大阪という販売場所を、それぞれ「1列1項目」「1行1件」となるようにデータクレンジングすることを「データの正規化」と呼びます。

ここまでのデータクレンジングの作業は、すべて画面右側の「適用したステップ」に記録されていることを確認してください。どのような作業を経てデー

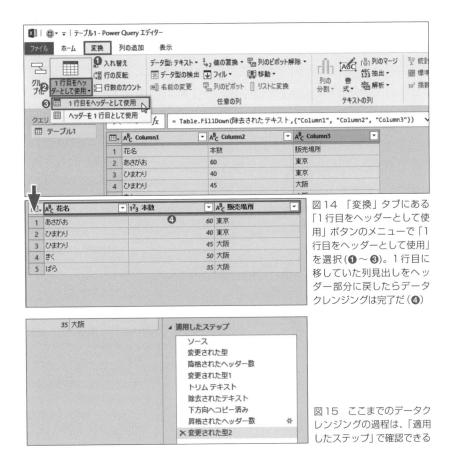

図14 「変換」タブにある「1行目をヘッダーとして使用」ボタンのメニューで「1行目をヘッダーとして使用」を選択（❶〜❸）。1行目に移していた列見出しをヘッダー部分に戻したらデータクレンジングは完了だ（❹）

図15 ここまでのデータクレンジングの過程は、「適用したステップ」で確認できる

タを正規化してきたのか一目瞭然です。また、何かの処理が間違っていた場合には、該当するステップまで戻って確認したり、やり直したりできるので便利です（図15）。

「クエリのマージ」を、VLOOKUP関数のように使う

以上でデータクレンジングが済みました。「ホーム」タブにある「閉じて読み込む」を実行すれば、きれいになった「販売本数表」をExcelのシートに読み込むことができます。この「販売本数表」を使えば、60ページ図6で見たVLOOKUP関数のエラーも解消できるようになります。

しかし、ここではパワークエリの機能を用いてさらにデータを加工し、VLOOKUP関数を使わずに、データ突合を行ってみます。

先ほどまでに作成したクエリをそのまま使ってもよいのですが、クエリの「複製」と「クエリのマージ」を使うことにします。

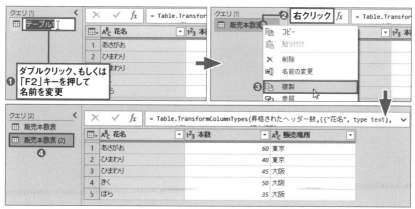

図16　画面左の「クエリ」欄で、「テーブル1」というクエリ名をダブルクリック、もしくは選択して「F2」キーを押し、名前を「販売本数表」に変更（❶）。当該クエリを右クリックして「複製」を選ぶ（❷❸）。すると「販売本数表 (2)」という名前でクエリが複製される（❹）

　まずは、Power Queryエディターの左側にある「クエリ」欄で先ほどの
クエリに名前を付けましょう。ここでは「販売本数表」と名前を付けてから、
クエリを「複製」しました（前ページ図16）。すると「販売本数表（2）」とい
う名前のクエリが出来上がります。

　この複製した「販売本数表（2）」に、「単価表」にある商品ごとの単価を表
示させるには、「クエリのマージ」機能を使います。マージ（merge）とは、「結
合する」という意味です。この機能により、ワークシート上でVLOOKUP
関数を使うのと同様、「単価表」にある花名と「販売本数表（2）」の花名を突
き合わせて、対応する単価を表示することが可能となります。

　「クエリのマージ」を行う前に、シート上の「単価表」をパワークエリに取
り込みます。Power Query エディターを起動している場合は、「ホーム」タ
ブにある「閉じて読み込む」を実行していったん閉じてください。そしてシー
ト上にある「単価表」を選択して、「データ」タブにある「テーブルまたは範
囲から」をクリックし、Power Queryエディターを起動します（図17）。
画面左の「クエリ」欄に「テーブル2」として取り込まれたら、「単価表」とい
う名前に変えておきましょう。

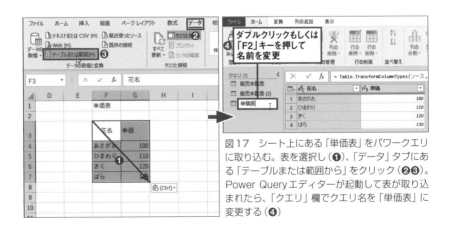

図17　シート上にある「単価表」をパワークエリ
に取り込む。表を選択し（❶）、「データ」タブにあ
る「テーブルまたは範囲から」をクリック（❷❸）。
Power Queryエディターが起動して表が取り込
まれたら、「クエリ」欄でクエリ名を「単価表」に
変更する（❹）

　なお、「単価表」を別のファイルとして作っている場合は、Power Query エディターをいったん閉じなくても、「ホーム」タブの「新しいクエリ」グループにある「新しいソース」→「ファイル」→「Excel」を選ぶことで、データを取り込むことができます。

　「単価表」の準備が整ったら、「クエリのマージ」を実行しましょう。それには、「ホーム」タブにある「結合」グループの「クエリのマージ」を選びます（図18）。開く「マージ」画面の上のプレビュー欄には既に「販売本数表（2）」

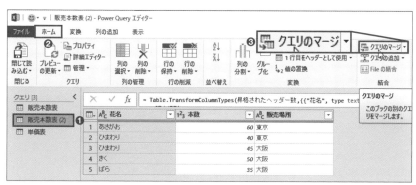

図18　画面左の「クエリ」欄で「販売本数表（2）」を選択し（❶）、「ホーム」タブにある「クエリのマージ」ボタンをクリック（❷❸）

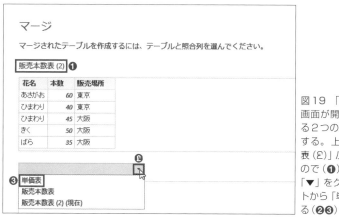

図19　「マージ」という画面が開いたら、結合する2つのテーブルを指定する。上には「販売本数表（2）」が指定されているので（❶）、その下にある「▼」をクリックし、リストから「単価表」を選択する（❷❸）

が入っていますので、下のプレビュー欄に結合したい「単価表」を指定します（前ページ図19）。そして、共通の項目である「花名」の列をそれぞれクリックして選択し、「OK」ボタンを押します（図20）。

「マージ」画面が閉じると、「販売本数表（2）」の右側に「単価表」という列が追加されます（図21）。ここに「単価表」という「Table」が読み込まれた、

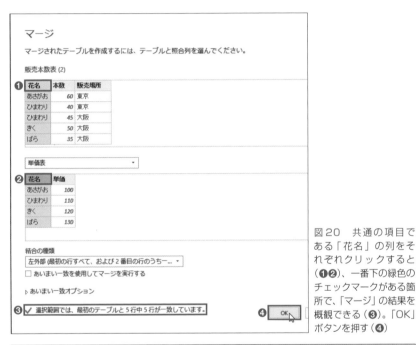

図20　共通の項目である「花名」の列をそれぞれクリックすると（❶❷）、一番下の緑色のチェックマークがある箇所で、「マージ」の結果を概観できる（❸）。「OK」ボタンを押す（❹）

図21　「販売本数表（2）」の右側に「単価表」という列が追加された。ここに「単価表」という「Table」が読み込まれていることを意味している

すなわち「マージ」されたことを意味します。

この「Table」の内容を確認したければ、「Table」の横の空白部分をクリックしてみてください（緑文字の「Table」をクリックすると、その内容が展開されてしまうので注意）。Power Query エディターの下部（説明ペイン）に、「クエリのマージ」によって「単価表」から読み込んだテーブル形式のデータが表示されます（図22）。

この「単価表」という列の右上を見ると、左右に開いた矢印のようなアイコン（）があるので、ここをクリックすると、マージした「単価表」の列名が表示されます（図23）。今回使いたいのは「単価」のみなので、「花名」のチェックは外し、「単価」のみチェックされた状態にします。また、「元の列

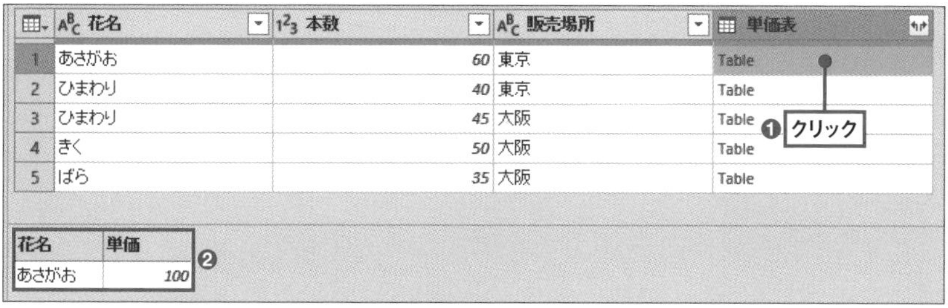

図22 「Table」と表示されたセルの空白部分をクリックすると（❶）、 下側の説明ペインに「単価表」から読み込んだテーブル形式のデータが表示される（❷）

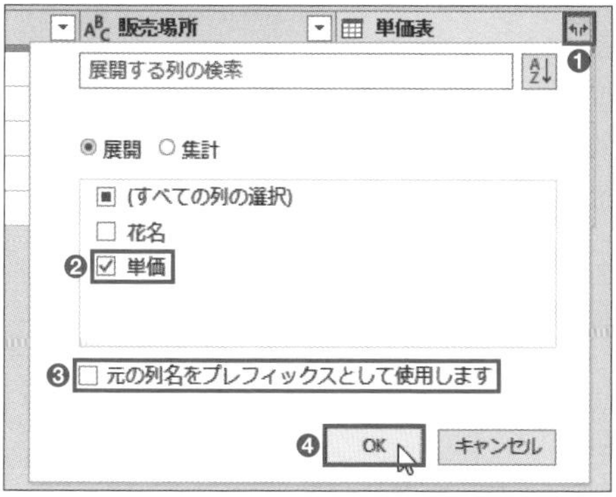

図23 「単価表」の右端のアイコンをクリックすると（❶）、「単価表」に含まれる列名が一覧表示されるので、列に表示させたい項目（ここでは「単価」）のみチェックを入れる（❷）。「元の列名を…」のチェックは外して（❸）、「OK」を押す（❹）

名をプレフィックスとして使用します」とあるのは、列名の前に当該クエリ名（ここでは「単価表」というクエリ名）を付加するかどうかのオプションになります。便利なときもありますが、列名が長くなり見づらいことが多いので、今回はチェックを外します。これで、「単価表」の「単価」列が「販売本数表（2）」に取り込まれます（図24）。

　あとは、「ホーム」タブにある「閉じて読み込む」を実行し、この「販売本数表（2）」というクエリをExcelのシートに読み込めば、60ページ図6でやろうとしていたのと同じことを、VLOOKUP関数を使わずに実現できます（図25）。

　ちなみに、クエリの「読み込み先」を変更すれば、テーブルではなくピボットテーブルに変えることも可能です。それには、Excelの画面右側に表示されている「クエリと接続」ウインドウでクエリを右クリックし、「読み込み先」を選ぶと、「データのインポート」画面が開きます（図26）。ここで「ピボットテーブルレポート」を選べば、あとは通常のピボットテーブルと同様に「花名」ごとの販売本数の集計などもできます（図27）。

▦▾	AᴮC 花名 ▾	1²₃ 本数 ▾	AᴮC 販売場所 ▾	1²₃ 単価 ▾
1	あさがお	60	東京	100
2	ひまわり	40	東京	110
3	ひまわり	45	大阪	110
4	きく	50	大阪	120
5	ばら	35	大阪	130

図24　「単価表」の「単価」列が「販売本数表（2）」に取り込まれた（マージされた）

	A	B	C	D	E	F	G
1	花名 ▾	本数 ▾	販売場所 ▾	単価 ▾			
2	あさがお	60	東京	100			
3	ひまわり	40	東京	110			
4	ひまわり	45	大阪	110			
5	きく	50	大阪	120			
6	ばら	35	大阪	130			
7							

Excelに読み込んだテーブル

図25　図24の「販売本数表（2）」クエリを、「閉じて読み込む」を実行してExcelに読み込んだテーブル

　ここまで、VLOOKUPのような関数は一切使用していません。VBAによるプログラミングも一切していません。マウスのクリック操作だけで、データクレンジングから集計までをやってのけたわけです。実際には、パワークエリの内部でM言語というプログラミング言語が自動記述されているのですが、それを意識しなくても、ノンプログラミングでここまでできるということです。

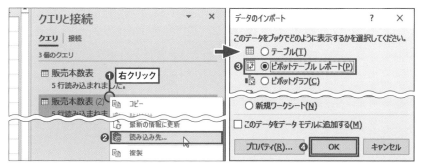

図26　Excelの画面右側に表示される「クエリと接続」ウインドウで先ほどのクエリ「販売本数表（2）」を右クリック（❶）。開くメニューで「読み込み先」を選ぶと（❷）、「データのインポート」画面が開く。ここで「ピボットテーブルレポート」を選べば（❸❹）、図25のテーブルをピボットテーブルに作り直せる

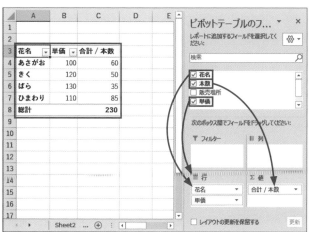

図27　「行」に「花名」と「単価」、「値」に「本数」を配置して作成したピボットテーブル。「デザイン」タブの「レイアウト」グループで「レポートのレイアウト」を「表形式で表示」に変更し、「小計」を「小計を表示しない」という設定にしている

「横持ちデータ」を「縦持ちデータ」に変換する

　もう1つ、パワークエリが備える便利な機能を紹介しておきましょう。「列のピボット解除」という機能です。

　例えば、部署・商品ごとの販売実績表のような"クロス集計表"をよく見かけます（図28）。これは、人が数値を見て理解するには最適な形式ですが、さらに踏み込んだデータ分析をしようとするとさまざまな問題に直面します。一歩進んだデータ処理をするには、非常に扱いにくい形式なのです。

　コンピューターでデータを扱うには、こうした「横持ちデータ」の形式ではなく、シンプルな「縦持ちデータ」とする必要があります。すなわち、「1列1項目」「1行1件」の"リスト形式"です（図29）。こうした横持ちデータを縦持ちデータに変換するために、従来はVBAでプログラムを作成するなど、大変な苦労をしてきました。

図28　行の項目と列の項目を交差させて見るクロス集計表。こうした形式の表は「横持ちデータ」とも呼ばれる

	A	B	C	D	E
1	販売実績表				
2	支店	商品A	商品B	商品C	総計
3	東京	27,500	23,000	34,900	85,400
4	名古屋	28,500	24,000	35,900	88,400
5	大阪	30,722	26,222	38,122	95,066
6	総計	86,722	73,222	108,922	268,866
7					
8					

横持ちデータ

	A	B	C	D	E
1	販売実績表				
2	支店	属性	値		
3	東京	商品A	27,500		
4	東京	商品B	23,000		
5	東京	商品C	34,900		
6	名古屋	商品A	28,500		
7	名古屋	商品B	24,000		
8	名古屋	商品C	35,900		
9	大阪	商品A	30,722		
10	大阪	商品B	26,222		
11	大阪	商品C	38,122		
12					
13					

縦持ちデータ

同じ種類の値が1つの列にまとめられている（1列1項目）

図29　図28と同じ内容を「縦持ちデータ」に置き換えた例。「1列1項目」になっているため、コンピューターで処理しやすくなる

パワークエリの「列のピボット解除」を使えば、簡単にデータを「1列1項目」のリスト形式に変換できてしまいます。

具体的には、横持ちデータをパワークエリに取り込み、変換したい列を選択。「変換」タブの「任意の列」グループにある「列のピボット解除」をクリックするだけです（図30～図32）。

図30 横持ちのクロス集計表のうち、「総計」欄を除いたセル範囲を選択（❶）。「データ」タブにある「テーブルまたは範囲から」をクリックする（❷❸）

図31 Power Queryエディターが起動して表が取り込まれたら、「商品A」のヘッダーをクリックして選択（❶）。続いて右端の「商品B」のヘッダーを「Shift」キーを押しながらクリック（❷）。するとその間の列がすべて選択されるので、「変換」タブの「列のピボット解除」ボタンを押す（❸❹）

図32 図29と同様の縦持ちデータに変換された

ワンポイント

不要な列や行を削除する

　図30では、表の右端列や下端行の「総計」欄を除外してパワークエリに取り込みましたが、こうした「総計」欄を含めてパワークエリに取り込んだ後、パワークエリ上で不要な列や行を削除するほうが一般的です。列の削除は、列のヘッダーをクリックして選択し、「ホーム」タブにある「列の削除」ボタンを押せばOKです（図A）。

　行の削除は、メニューが複数あり、上端や下端から指定した行数分を削除したり、重複する行を削除したりできます（図B）。

図A　不要な列を削除するのは、その列を選択して「ホーム」タブにある「列の削除」ボタンをクリックする（❶～❸）

図B　行の削除には、「行の削除」ボタンを使う（❶❷）。いくつかメニューがあり、下端の行を削除するには、「下位の行の削除」で削除する行数を指定する（❸❹）

このように「1列1項目」のリスト形式にすれば、ピボットテーブルで自由に分析できるようになります。75ページ図26でご紹介した「データのインポート」で「ピボットテーブルレポート」を選択すると、この結果をExcelに読み込んで集計できます。そのうえで、後述するパワーピボットの「リレーションシップ」により複数のテーブルを用いたデータ分析を行えば、これまでにない新たな洞察を得ることにつなげられるようになります。

VBAを使うよりも簡単にデータ変換ができてしまう――。こんなところが、モダンExcelの魅力の一つです。「列のピボット解除」のほかにも、さまざまなETL（抽出・変換・読み込み）機能を有するパワークエリを上手に活用し、データ分析の前提となるデータ整理をすることが、今後ますます必要になってくると思います。

「複製」と「参照」により、クエリを使い回す

パワークエリを使うことで、実にさまざまなデータの収集・整理というETL（抽出・変換・読み込み）を行うことができますが、その過程で覚えておいてほしい機能の一つとして、クエリの「複製（Duplicate）」と「参照

図33　Power Queryエディターの画面左にある「クエリ」欄で、クエリ名を右クリックすると、「複製」「参照」という2つの項目が選べる（左）。「ホーム」タブの「クエリ」グループにある「管理」ボタンからも選択できる（右）。なお、左図のメニューにある「コピー」は、102ページで解説する「ヘルパークエリ」が付いた状態で「複製」する

(Reference)」があります（前ページ図33）。要するに、クエリのコピペ機能です。

「複製」は、複製元と同じ内容（同一の「適用したステップ」）を持つクエリを新規に作成します。クエリのコピペと同じ結果が得られ、複製元を変更しても複製したクエリは影響を受けません。

一方、「参照」は参照元の結果を「ソース」として1行だけで受け取り、元のクエリを参照するクエリとして新規に作成する機能です。参照元を変更し

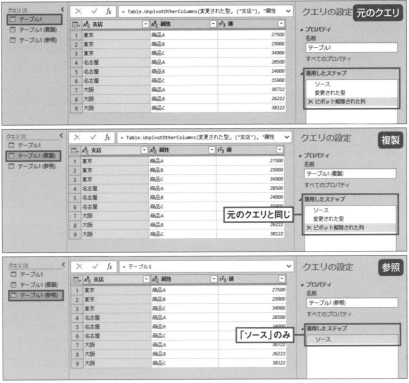

図34 「複製」したクエリは、「適用したステップ」欄が元のクエリと同じ表示となり、データ処理の過程を引き継いでいることが分かる。一方、「参照」の場合、「ソース」の1行のみとなり、元のクエリでの変更がそのまま反映されることになる

た場合、その影響を受けることになります（図34）。

「複製」でも「参照」でも、それらを実行した時点では同じ結果になります。その後、参照元が変更されたときに「複製」はその影響を受けず、「参照」は影響を受ける、という違いがあります。Excelのセルに例えれば、「セルを複製（コピー）したのか」「セルを数式で参照したのか」という違いに相当します。

それぞれの使いどころを考えてみましょう。別のソース（元データ）を使って同様のデータ収集・整理を行うなどの場合は「複製」を使い、同じデータから複数のデータを取得しようとする場合などは「参照」を使うと便利です。

例えば、販売データを用いた分析は、購買データでも同様に行える場合がありますが、全く同じように分析できるとは限りません。そこで、販売データの分析の過程としてパワークエリに保存される「適用したステップ」で、うまくいったところまでのデータ処理過程を活用するなどという具合に「複製」を用いることができます。

一方、本書で作成する「経営ダッシュボード」の例のように、販売データという「ファクトテーブル」から、データの切り口となる「ディメンションテーブル」を作成する際は「参照」を使うとよいでしょう。販売データには、「アイテム」「営業担当者」「地域」など、データの切り口になるデータが「1列1項目」で整列しています。これをディメンション（＝データの切り口）にする際、ファクトテーブルを「参照」してディメンションテーブルを作成しておけば、両者の間に齟齬が発生せず、データ分析時に間違いが起こりません。ファクトテーブルである販売データに新しい営業担当が加わった場合も、「参照」であれば、その変更が自動的にディメンションテーブルにも反映されるからです。これについては、次のパートで実践してみます。

PART 3

「経営ダッシュボード」のクエリを作成する

Modern Excel

前パートまでに、「パワークエリ」の操作方法と、データクレンジングの基本を学んできました。だいぶ慣れてきたところだと思いますので、このパートでは、本書が目標とする「経営ダッシュボード」を作成するために必要なデータを取り込むところからクエリを作成するまでを、実践してみましょう。

具体的には、図1のような販売データのテキストファイルをパワークエリに取り込み、分析に必要となるETL（抽出・変換・読み込み）を行います。このテキストファイルは「1列1項目」「1行1件」のデータがタブで区切られています。いわゆる「タブ区切りテキスト」ファイルです。

本書では、図1のようなタブ区切りテキストのファイルを3つ用意しました。11ページのURLからダウンロードしてご利用ください。何らかの販

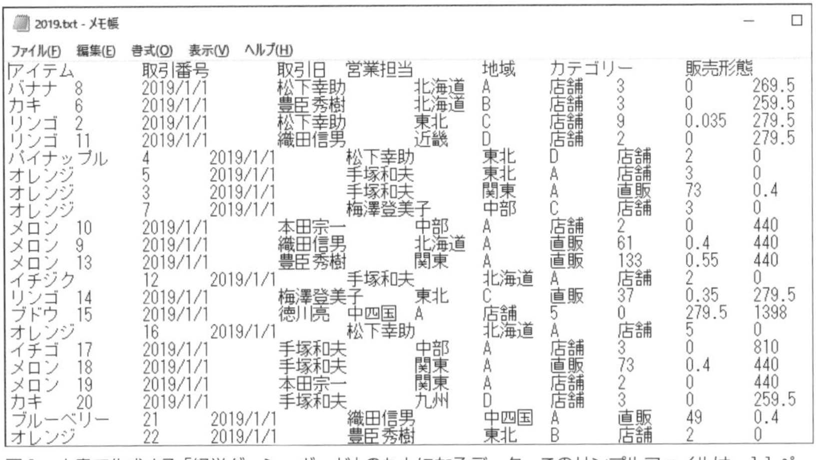

```
2019.txt - メモ帳
ファイル(F) 編集(E) 書式(O) 表示(V) ヘルプ(H)
アイテム	取引番号	取引日	営業担当	地域	カテゴリー	販売形態
バナナ	8	2019/1/1	松下幸助	北海道	A	店舗	3	0	269.5
カキ	6	2019/1/1	豊臣秀樹	北海道	B	店舗	3	0	259.5
リンゴ	2	2019/1/1	松下幸助	東北	C	店舗	9	0.035	279.5
リンゴ	11	2019/1/1	織田信男	近畿	D	店舗	2	0	279.5
パイナップル	4	2019/1/1	松下幸助	東北	D	店舗	2	0
オレンジ	5	2019/1/1	手塚和夫	東北	A	店舗	3	0
オレンジ	3	2019/1/1	手塚和夫	関東	A	直販	73	0.4
オレンジ	7	2019/1/1	梅澤登美子	中部	C	店舗	3	0
メロン	10	2019/1/1	本田宗一	中部	A	店舗	2	0	440
メロン	9	2019/1/1	織田信男	北海道	A	直販	61	0.4	440
メロン	13	2019/1/1	豊臣秀樹	関東	A	直販	133	0.55	440
イチジク	12	2019/1/1	手塚和夫	北海道	A	店舗	2	0
リンゴ	14	2019/1/1	梅澤登美子	東北	C	直販	37	0.35	279.5
ブドウ	15	2019/1/1	徳川亮	中四国	A	店舗	5	0	279.5	1398
オレンジ	16	2019/1/1	松下幸助	北海道	A	店舗	5	0
イチゴ	17	2019/1/1	手塚和夫	中部	A	店舗	3	0	810
メロン	18	2019/1/1	手塚和夫	関東	A	直販	73	0.4	440
メロン	19	2019/1/1	本田宗一	関東	A	店舗	2	0	440
カキ	20	2019/1/1	手塚和夫	九州	D	店舗	3	0	259.5
ブルーベリー	21	2019/1/1	織田信男	中四国	A	直販	49	0.4
オレンジ	22	2019/1/1	豊臣秀樹	東北	B	店舗	2	0
```

図1　本書で作成する「経営ダッシュボード」のもとになるデータ。このサンプルファイルは、11ページに記載したURLからダウンロードできる

売管理システム、あるいはAccessなどで管理する販売データを出力したもの、という想定です。これをパワークエリに取り込んで処理します。

ダウンロードしたZIPファイルを展開すると、「Sample」というフォルダー名の中に、「dashboards_data」というフォルダーと、「2019.txt」というテキストファイルがあります。そして「dashboards_data」フォルダーの中には、「2017.txt」と「2018.txt」という2つのテキストファイルがあります。まずはこれをご確認ください（図2）。

この「dashboards_data」フォルダーを、今回操作するデータの保管場所とします。あらかじめ「2017.txt」「2018.txt」という2年分のデータが入っていますので、これをパワークエリに取り込んで操作してみましょう。「Sample」フォルダーに入っているもう1つのテキストファイル「2019.txt」は、「経営ダッシュボード」が完成した後、「dashboards_data」に追加して、データの追加と更新の操作を試すのに用います（第4章参照）。

「Sample」フォルダーの置き場所はどこでもよいのですが、ここでは「D」ドライブの直下に置くことにします。以降、「D:」という場所の記載は、ご自身のパソコンにおける「Sample」フォルダーの保存場所（パス）に置き換えて読み進めてください。

図2　ダウンロードしたZIP圧縮ファイルを展開すると、「Sample」というフォルダーがある。ここでは、その中の「dashboards_data」フォルダーを、データの保管場所とする。なお、「2019.txt」というファイルは、第4章で「データの更新」を解説する際に「dashboards_data」フォルダーに追加する

フォルダーを指定して、データソースに接続する

　では、パワークエリにデータを取り込んでみましょう。それには、Excel の「データ」タブにある「データの取得と変換」グループの「データの取得」 ボタンをクリックします（図3）。テキストファイルを取り込む場合、「ファ イルから」→「テキストまたはCSVから」を選んでもよいのですが、今回は 「2017.txt」「2018.txt」という2つのファイルをまとめて取り込みたいの で、「ファイルから」→「フォルダーから」とたどります。フォルダーを指定 すると、そのフォルダーに新たにファイルを追加するだけで、自動的にパワー

図3　サンプルファイルのある フォルダーからデータを取り込 むには、Excelの「データ」タブ にある「データの取得」ボタンを クリック（❶❷）。「ファイルか ら」→「フォルダーから」を選ぶ （❸❹）

図4　「参照」ボタンをクリックして「dashboards_data」フォルダーを選択（❶）。パスが指定さ れたら、「OK」ボタンを押す（❷❸）

クエリに取り込まれるようになるのも利点です。これを「フォルダー接続」と名付けます。

　フォルダーを選択する画面が開いたら、右端にある「参照」ボタンを押して、先ほど確認した「dashboards_data」フォルダーを選択してください（図4）。すると、「D:\Sample\dashboards_data」などとフォルダーのパスが指定されます。Windowsでは通常「D:￥Sample￥dashboards_data」のようにパスが「￥」記号で区切られますが、パワークエリでは「\」（バックスラッシュ）で区切られます。「￥」と「\」は表示の違いで、どちらも同じものです。

　図4で「OK」ボタンを押すと、図5のような画面が開きます。これは指定したフォルダーの内容を表しています。左から2列目の「Name」という

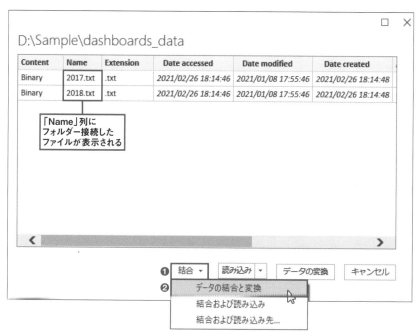

図5　フォルダー内のファイルが表示されるので、「結合」をクリックして「データの結合と変換」を選ぶ（❶❷）

列に、フォルダー内にあるデータファイルの名前が並んでいることが分かるでしょう。ここで「読み込み」をクリックしたいところですが、ちょっと待ってください。データをパワークエリに取り込んだ後でデータ分析できるようにデータを整理する、いわゆる"データクレンジング"を行う必要があることを考えると、「読み込み」ではなく「結合」または「データの変換」を選ぶほうが実務的です。慣れないうちは「結合」をクリックすると開くメニューから、一番上にある「データの結合と変換」を選ぶことをお勧めします。

すると、「Fileの結合」という画面が現れます（図6）。この画面では、データのイメージが分かりやすく表示され、ちょっとした操作も可能です。

例えば、「サンプルファイル」欄（「最初のファイル」と書かれたボックス）をクリックすると、「フォルダー接続」の対象となるすべてのファイル名が

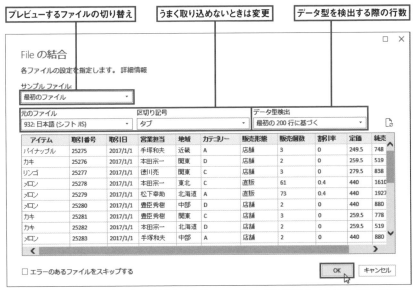

図6 取り込むデータのプレビューが表示される。ファイルを切り替えて、いずれも正しく取り込まれるかどうか確認しよう。文字化けしたり、列の区切りがおかしかったりする場合は、「元のファイル」欄や「区切り記号」欄を切り替える。問題がなければ「OK」を押す

表示され、これを切り替えることで下のプレビューが変わる仕組みになっています。また、テキストデータのように既定のコードでは文字化けしてしまう場合、「元のファイル」欄や「区切り記号」欄をクリックし、適宜メニューを選択することで解消できます。

　なお、パワークエリはこの時点ですべてのデータを評価しているわけではありません。既定では「データ型検出」欄にあるように、「最初の200行に基づく」という処理をしています。通常はこのままで大丈夫です。

　プレビューを確認し問題がなければ、一番下にある「OK」をクリックします。すると、Power Queryエディターが起動してデータが取り込まれます（図7）。

　取り込まれたデータを見ると、一番左の列に「2017.txt」と表示されています。この列（Source.Name）は「フォルダー接続」したフォルダーの中身であるファイル名を表しています。この列のヘッダーにある「▼」ボタンをクリックしてみてください。すると、取り込まれたファイル名の一覧が表

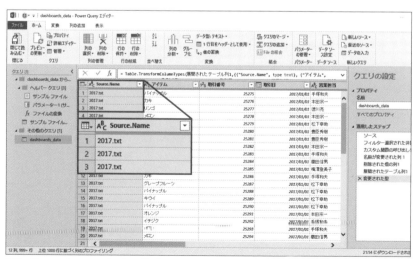

図7　Power Queryエディターが起動し、取り込まれたデータが表示される。左端の列には「2017.txt」のように元データ（データソース）となったファイル名が表示される

示されるはずです（図8）。

　しかし、おかしなことに「2017.txt」しか表示されません。実は、この状態ではパワークエリはすべてのデータを表示していません。86ページ図6で見たように、既定では「最初の200行に基づく」という処理をしていて、必要あるごとにデータを表示する仕組みになっているからです。

　そのため、この段階で「2017.txt」しか表示されていなくても問題はありません。もし気になるなら、図8で開いたメニューの一番下にある「リス

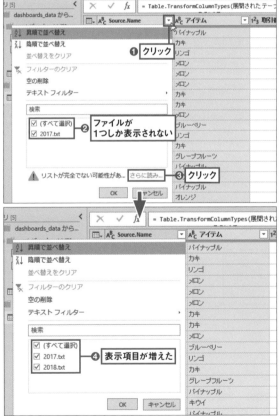

図8　「Source.Name」という列のヘッダーの右端にある「▼」をクリックしてメニューを開くと（❶）、この列に含まれる項目が一覧表示されるはずだが、「2017.txt」しか表示されない（❷）。「さらに読み…」をクリックすると（❸）、接続したフォルダー内のデータがさらに取り込まれる（❹）

トが完全でない可能性があ…」という表示の右に「さらに読み…」という水色の文字があります。ここをクリックしてください。すると「2018.txt」も現れます。これで、フォルダー内のファイルがすべてパワークエリに取り込まれていることを検証できます。

なお、図8の「さらに読み…」をクリックする操作は必ずしも必要ではありません。この操作により、「適用したステップ」には「フィルターされた行」というステップが追加されますが、今回の事例ではこのステップは削除しても問題ありません。

また、この「Source.Name」列は、この後の作業では不要です。そこで、今回はこのタイミングで削除しておきます（図9）。

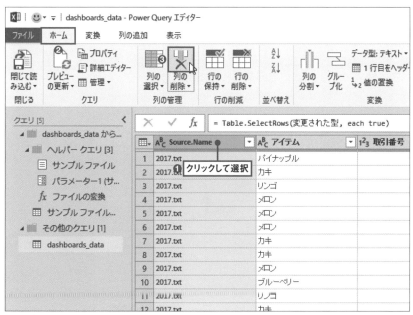

図9 「Source.Name」列は今回不要なので、「ホーム」タブにある「列の削除」で削除しておく（❶〜❸）。不要な列を削除することでデータを軽くでき、データ処理速度を向上させるメリットがあるとされる

分析の切り口となる"ディメンションテーブル"を作る

　前項までの手順で販売データを取り込めたら、これを"ファクトテーブル"として参照し、「アイテム」「営業担当者」「地域」「カテゴリー」「販売形態」という5つの"ディメンションテーブル"を作成します。

　ファクトテーブルとは、販売データなど、分析対象とするデータそのものを格納したテーブルのことです。ディメンションテーブルは、分析の切り口や軸を設定するためのもので、商品名などの属性値を並べたテーブル、あるいはマスターデータと考えると分かりやすいと思います（図10）。

　ディメンションテーブルを作成する前に、もとになる販売データのファクトテーブルに分かりやすい名前を付けておきます。そのままの名称でも構いませんが、ディメンションテーブルと区別する意味で、ファクトテーブルの頭文字「f」を付けるのが一般的です。なお、「Transaction」は「取引」という意味になりますので、「fTransaction」とすることでファクト＝事実を示す取引データであることを明示できるようになります。

図10　今回は、取り込んだ販売データ（ファクトテーブル）を参照して5つのディメンションテーブルを作成する

Power Queryエディターの左側に表示される「クエリ」欄を見てみましょう。「クエリ」欄が開いていないときは、「クエリ」と書かれているバーの上端にある「＞」をクリックして開きます。すると、接続したフォルダー名「dashboards_data」というクエリとして販売データが取り込まれているのが分かります。これをダブルクリックするか、選択して「F2」キーを押して、「fTransaction」へと名前を変更してください（図11）。右クリックして「名前の変更」を選んでもクエリ名の変更は可能です。

手始めに、「アイテム」というディメンションテーブルをファクトテーブルから作成してみましょう。まず、先ほど名前を変更したファクトテーブルのクエリ（fTransaction）を「クエリ」欄で選択。右クリックして、開くメニューから「参照」を選びます（次ページ図12）。

79〜81ページで解説した通り、「参照」はセルを数式で参照するのと同様、元のデータが変更されればその変更が反映されます。ファクトテーブルを「参照」してディメンションテーブルを作成しておけば、両者の間に齟齬が発生せず、データ分析時に間違いが起こりません。

図12の「参照」を実行すると、「fTransaction（2）」というクエリが作成され、そのクエリの「適用したステップ」を見ると「ソース」、数式バーを見ると「＝ fTransaction」となっています（図13）。これがファクトテーブル（「fTransaction」クエリ）を「参照」したことを意味しています。

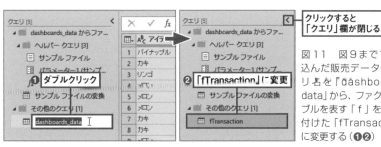

図11 　図9までで取り込んだ販売データのクエリ名を「dashboards_data」から、ファクトテーブルを表す「f」を先頭に付けた「fTransaction」に変更する（❶❷）

　新たに作られたクエリ「fTransaction（2）」の名前を「アイテム」に変更します。先ほどと同様、「クエリ」欄で名前をダブルクリックするか、「F2」キーを押すか、右クリックして「名前の変更」を選べばOKです。画面右側の「クエリの設定」ウインドウにある「プロパティ」欄で変更することも可能です。

　さらに、「アイテム」というディメンションテーブルに「アイテム」列以外の列は不要なので削除します。それには、残す「アイテム」列を選択し、「ホーム」タブの「列の削除」ボタンの下半分をクリック。開くメニューで「他の列の削除」を選びます（図14）。ちなみに、この「他の列の削除」はパワークエリでとてもよく使うETL機能です。

　図14右を見ると、4行目から6行目までが「メロン」となっていて同じ値が複数含まれています。データ分析に使うディメンションテーブルにする

図12　画面左の「クエリ」欄で「fTransaction」を右クリックし、「参照」を選ぶ（❶❷）

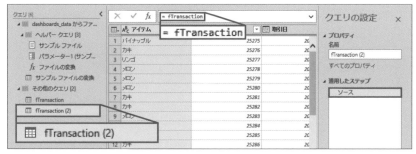

図13　「参照」により「fTransaction（2）」というクエリが追加された。数式バーには「= fTransaction」と表示されており、元の「fTransaction」クエリを参照していることが分かる

には、これを"一意の値"のテーブルにする必要があります。重複する値を排除した、それぞれの値が1つずつ存在するテーブルという意味です。これには、「ホーム」タブにある「行の削除」ボタンをクリックし、「重複の削除」を選びます（図15）。

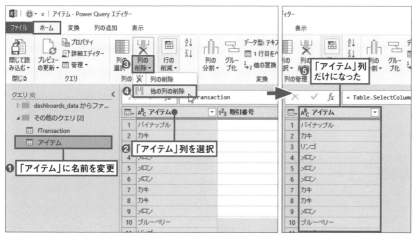

図14　クエリ名を「アイテム」に変えたら（❶）、1列目の「アイテム」列を選択し（❷）、「列の削除」ボタンの下半分をクリック（❸）。「他の列の削除」を選ぶ（❹）。すると「アイテム」列だけが残る（❺）

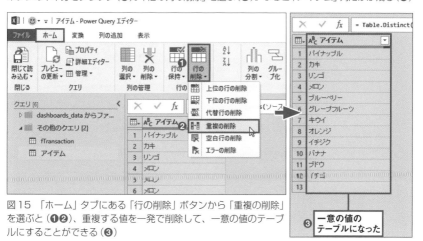

図15　「ホーム」タブにある「行の削除」ボタンから「重複の削除」を選ぶと（❶❷）、重複する値を一発で削除して、一意の値のテーブルにすることができる（❸）

さらに、前ページ図15右を見ると、最終行の13行目が空白になっています。これもディメンションテーブルには不要ですので、同じ「行の削除」ボタンから「空白行の削除」を選択して削除します（図16）。

これでファクトテーブルから、「アイテム」というディメンションテーブルとして使うことになる、一意の値を持つクエリを作成できました。

なお、「重複の削除」や「空白行の削除」といった機能は、実行したい列を右クリックして選択することもできます。右クリックのメニューには、その列のデータ型に合わせたデータクレンジング機能が一覧表示されます。ただ、そこに現れる一覧は代表的な機能で、すべての機能が表示されるわけではないことに留意が必要です。

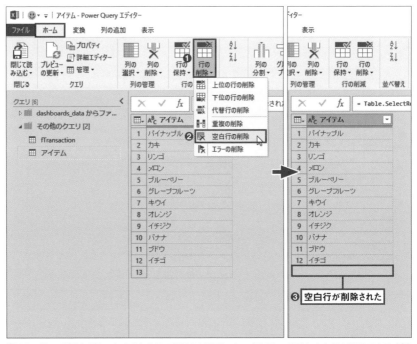

図16 「行の削除」ボタンから「空白行の削除」を選ぶことで（❶❷）、余計な空白行を削除できる（❸）

「複製」でほかのディメンションテーブルを作る

ここまでの作業は、「営業担当者」「地域」「カテゴリー」「販売形態」という「ア
イテム」以外のディメンションテーブルの作成にも共通です。

本書のサンプルでは、図17のように、5つのディメンションテーブルを
作成しますが、同様の作業を何度も行うのは意外と面倒です。そこで「複製」
機能を使って効率良く作成する方法を紹介します。

「アイテム」というディメンションテーブルと、「営業担当者」「地域」「カテ
ゴリー」「販売形態」という各ディメンションテーブルの作成過程の違いは、
前述の「他の列の削除」を行う際にどの列を残すかということだけです。

そこで、「アイテム」のディメンションテーブルを複製後、画面右にある「適
用したステップ」欄で、「削除された他の列」の右端にある歯車マークをクリッ
クします（次ページ図18、図19）。「列の選択」画面が開くので、「アイテム」
のチェックマークを外して、作成したいディメンションテーブルの項目に
チェックを付け直してください。「地域」ディメンションテーブルを作るな
ら、「地域」にチェックして「OK」を押します（図20）。すると、プレビュー

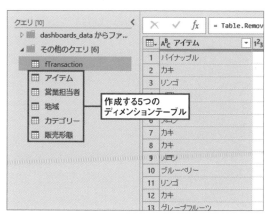

図17　本書のサンプルでは、「ア
イテム」のほかに、「営業担当者」「地
域」「カテゴリー」「販売形態」とい
う全部で5つのディメンションテー
ブルを作成する

図18 画面左の「クエリ」欄で、作成済みの「アイテム」クエリを右クリックし、「複製」を選ぶ（❶❷）

図19 複製されてできた「アイテム（2）」クエリの名前を「地域」に変更（❶）。「適用したステップ」欄で、「削除された他の列」の右端の歯車マークをクリックする（❷）

図20 開いた「列の選択」画面で、「アイテム」のチェックを外し、代わりに「地域」にチェックを付ける（❶❷）。これで「地域」列だけを残す設定に変わるので、「OK」を押す

図21 プレビュー画面が「地域」列だけの表示になる。「適用したステップ」欄で最終ステップの「削除された空白行」をクリックして選ぶと、「重複の削除」「空白行の削除」というクレンジング処理が実行されているのが分かる。同じ操作を繰り返さなくて済むので簡単だ

画面が「地域」列だけに変わります。「適用したステップ」欄の最終行にある「削除された空白行」をクリックしてステップを進めると、「重複の削除」「空白行の削除」というクレンジング処理が実行され、「地域」ディメンションテーブルが出来上がります（図21）。

「クエリを複製して一部のステップを歯車マークから変更する」というテクニックをマスターすると、作業工数の削減になり、かなり便利です。ほかのディメンションテーブルについても、同様に作成しましょう。

「地域」を北から南の順に並べ替える

　こうして5つのディメンションテーブルを作成しましたが、「地域」というディメンションテーブルについては、もうひと工夫が必要です。というのも、このままでは順不同に「地域」が並んでしまうからです（図22）。

　「アイテム」などのディメンションテーブルは順不同でもよいかもしれません。しかし、「地域」のようなディメンションテーブルは、日本7地方区分の場合、北海道から九州、のように北から南の順に並んでいたほうが、後で「スライサー」を作成して視覚化することなどを考慮すると便利です。順番に並んでいるほうが見栄えも良くなります。

　「地域」のようなディメンションテーブルを順番に並べ替える方法にはいくつかありますが、今回は「条件列を追加する」という比較的簡単な方法で解説します。例えば「北海道」は「1北海道」、「東北」は「2東北」という具合に、順番を示す数字を加えた列を新たに追加して、この列を基準に並べ替えできるようにするという方法です。

　具体的には、「列の追加」タブの「全般」グループにある「条件列」ボタンをクリック（図23）。開く「条件列の追加」という画面で、「もしも『地域』列の値が『北海道』ならば、『1北海道』のように出力する」という条件を7つ

図22　並べ替える前の「地域」
ディメンションテーブル

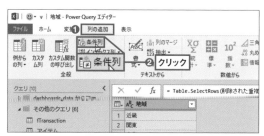

図23　「地域」ディメンションテーブルを選択して、「列の追加」タブにある「条件列」ボタンをクリックする（❶❷）

の地域名についてそれぞれ設定します（図24）。

　まず「新しい列名」にここでは「CD」（コードの意）と入力。「条件」と表示されている行の「列名」で「地域」を選択し、「演算子」は「指定の値に等しい」を選びます。「値」は標準で「値を入力します」という設定（123 ABCというアイコン）になっているので、そのまま右の欄に「北海道」と入力し、「出力」も同じ「値を入力します」（123 ABCというアイコン）のまま右の欄に「1 北海道」と入力します。「句の追加」ボタンを押すと、条件の指定欄が追加されるので、同様にほかの地域についても条件を指定します[注]。

　7つすべての地域の条件を設定できたら「OK」ボタンをクリック。すると、クエリの2列目に「CD」という列が追加され、「1 北海道」などと数字の付いたデータが並びます（図25）。

　この「CD」というヘッダー部分にある「▼」をクリックし、「昇順で並べ替

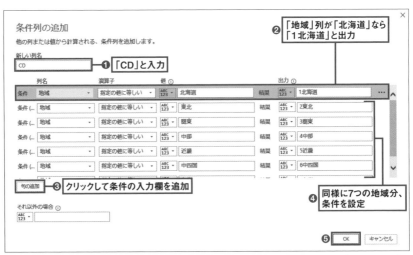

図24　「条件列の追加」画面が開いたら、ここでは「新しい列名」を「CD」と入力（❶）。条件の「列名」「演算子」は「地域」「指定の値に等しい」とし、「値」の入力欄に「北海道」、「出力」の入力欄に「1北海道」と入力する（❷）。「句の追加」ボタンを押して条件を追加し（❸）、同様に「東北」から「九州」までのすべての地域について、番号を付けた地域名の出力を設定（❹）。「OK」を押す（❺）

[注]　別解として、「出力」欄に「1」のように順番を表す数値のみをそれぞれ入力して条件列を追加し、その列を117ページで解説するパワーピボットの「列で並べ替え」で「グループ化」列に指定する方法もある

え」を選べば、「地域」を北から順番に並べ替えることができます。なお、この「昇順で並べ替え」の操作は、クエリで「数値順」に並べ替えられることを解説する趣旨で実行したもので、第2章以降で解説する「パワーピボット」での活用に特段必要な手順ではありません。

さて、数式バーを見ると、上記の「条件列の追加」操作により、図26のような「M言語」による条件分岐式が自動で記述されていることが分かります。条件分岐式とは、「if〜then〜else」という形式の「もしも〜ならば〜、

図25 地域名に番号が付いた「CD」列が追加された（❶）。ヘッダーの右端にある「▼」をクリックして「昇順で並べ替え」を選べば（❷）、北から南への番号順に並べ替えることができる

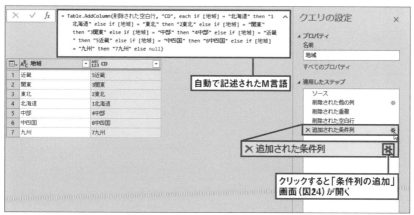

図26 数式バーを開くと、図24の操作を実行するためのM言語の記述を確認でき、ここで条件や出力内容を変更することも可能だ。「適用したステップ」欄で「追加された条件列」の右端の歯車マークをクリックすると、「条件列の追加」画面（図24）を再び開いて変更できる

それ以外は〜」という構文です。パワークエリでは、このようなM言語の記述を、98ページ図24のようなウィザード形式で誰でも簡単に作成できる仕掛けになっています。

　条件を修正したい場合は、画面右の「適用したステップ」欄にある「追加された条件列」の右端の歯車マークをクリックすると、図24の画面を再び開き変更が可能となります。ただ、出力する文字列を変更するといった簡単な修正ならば、数式バーに表示されたM言語の記述を直接書き換えたほうが早いかもしれません。この方法を「ハードコード」と呼びます。

　ここまでの手順で作成したクエリを用いて、もう1つの「モダンExcel」ツールである「パワーピボット」を使い「経営ダッシュボード」を作成することになります。そのためには、作成したクエリをExcelで使えるように読み込む必要があります。具体的には、52ページ図36で解説した「データのインポート」を実行します。

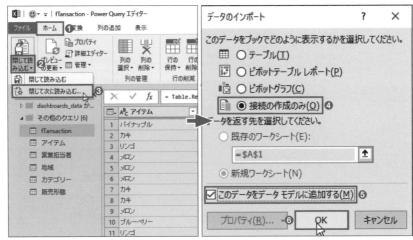

図27　「ホーム」タブにある「閉じて読み込む」ボタンの下半分をクリックし（❶❷）、メニューから「閉じて次に読み込む」を選択（❸）。開く画面で「接続の作成のみ」を選択し（❹）、「このデータをデータモデルに追加する」にチェックを入れて（❺）、「OK」ボタンを押す（❻）

　前述のように、インポートの方法は全部で４つありますが、今回のクエリは「経営ダッシュボード」の作成に必要なのであって、その内容自体をExcelのシート上に表示する必要はありません。そこで「接続の作成のみ」を選択し、「このデータをデータモデルに追加する」というチェックボックスをオンにするのがポイントです（図27）。こうすることで、パワークエリで作成したクエリをパワーピボットでも使えるようにデータモデルに追加することができます。データの読み込みが完了すると、Excelの画面右側に「クエリと接続」ウインドウが表示され、読み込まれたデータ（クエリ）が表示されます（図28）。

　なお、パワークエリで作成したクエリを読み込むタイミングは、いつでも結構です。クエリを作成するごとに１つずつ読み込んでも構いませんし、今

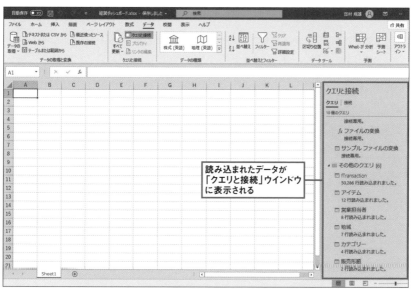

図28　Excelの画面右側に「クエリと接続」ウインドウが表示され、読み込まれたデータ（クエリ）が表示される。ここでクエリ名をダブルクリックすると、再びPower Queryエディターを起動できる。このブックは「経営ダッシュボード.xlsx」というファイル名で保存する

回のようにひと通りクエリを作成した後に読み込めば、すべてをまとめて読み込むことができます。

　大切なことなのでもう一度繰り返しますが、パワークエリで作成したクエリをパワーピボットで使えるようにするには、100ページ図27右の画面で「このデータをデータモデルに追加する」にチェックを入れてExcelに読み込む必要があります。そうしないと、この後で「経営ダッシュボード」を作成する過程で、各クエリ（ファクトテーブルとディメンションテーブル）をつなぐ「リレーションシップ」という作業ができなくなります。

ワンポイント

いつの間にか作られる「ヘルパークエリ」って何?

　パワークエリで「フォルダー接続」をすると、画面左の「クエリ」欄に「ヘルパークエリ」というものが勝手に作成されます。これは、フォルダー接続で「ファイルの結合」をすると作成される、フォルダーに含まれるファイルの中身（データの列数、文字コードなど）を解析するために使われるものです（図A）。

　この「ヘルパークエリ」は、クエリの一部であり、関係するすべてのクエリと一緒に削除できますが、逆にいえば、「ヘルパークエリ」だけを削除することはできません。「ヘルパークエリ」が自動作成されないようにする方法もありますが、ちょっと複雑な"パワークエリ中級者"向けの話になるので、本書で詳細に触れることは控えます。ここでは「ヘルパークエリ」とは何か、ということだけ知っておいてください。

図A 「フォルダー接続」をすると自動で作成される「ヘルパークエリ」

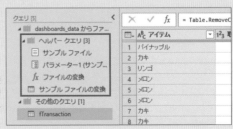

第2章 パワーピボットで、データモデルを構築する

パワーピボットを
活用するメリット

Modern **Excel**

　第2章では、モダンExcelのもう1つの機能、「Power Pivot for Excel（以下、パワーピボット）」について解説していきます。パワーピボットは、端的にいえば、以前からある「ピボットテーブル」のパワフル版です。さまざまな計算をあっという間にこなすパワーピボットを使いこなせるようになると、データの集計や分析、視覚化（見える化）といった日々のデータ活用の幅が格段に広がります。

　パワーピボット活用のいくつかあるポイントの一つが、「リレーションシップ」です。Accessを触ったことがある人にはなじみのある言葉でしょう。そうでなくても、データベース活用の概念として、耳にしたことはあると思います。もう1つのポイントは、「DAX（Data Analysis eXpressions）」というちょっと特殊なデータ分析式です。DAXには、「メジャー」や「計算列」、「イテレーター（反復子）」や「カレンダーテーブル」など、従来のExcelしか触ったことがない人には初めての言葉がたくさん出てきます。

　そこで第2章では、初心者でも分かるようにかみ砕きながら、パワーピボットでできることを解説します。前半でパワーピボットの機能や概念を解説し、後半でパワーピボットを使いこなすために必要な論点を整理します。

複数テーブルをつないで新たな洞察を得る

　視点を変えて、新たな洞察を得る。これは、経営管理の要諦の一つでもあります。ご存じのように、Excelでは「ピボットテーブル」という機能が、新たな洞察を得るツールとして以前から広く活用されています。

　例えば、販売データという取引記録（トランザクションデータ）を、店舗別や担当者別のように、さまざまな切り口から視点を変えてクロス集計し、新たな洞察を得て経営改善のヒントにつなげることが実務で行われています。この「クロス集計をしてデータを分析する」ことを「ダイス・スライス・ドリリング分析」と呼ぶことがあります（図1）。

図1　ダイス・スライス・ドリリング分析

　ダイス分析とは、軸の組み合わせで分析する手法のことです。なお、ダイスはサイコロを意味します。例えば、時間軸と地域軸、地域軸と商品軸、あるいは商品軸と時間軸のようにデータをさまざまな局面から分析し、新たな洞察を得るというのがダイス分析です。

　スライス分析とは、商品軸のカテゴリーの中から「いちご」のような一面を切り出して、この「いちご」データを地域軸と時間軸の形式で分析するような手法のことです。

　こうした分析の結果、気になるデータがあればピボットテーブル上でダブルクリックすることで詳細レベルを把握できる、これがドリリング分析です。

　しかし、従来のExcelにはいわゆる"104万行の壁"などの制約もあるので、既存のピボットテーブルには限界もあるわけです。そこで登場するのが

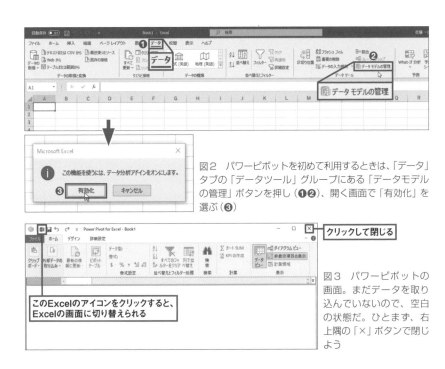

図2　パワーピボットを初めて利用するときは、「データ」タブの「データツール」グループにある「データモデルの管理」ボタンを押し（❶❷）、開く画面で「有効化」を選ぶ（❸）

図3　パワーピボットの画面。まだデータを取り込んでいないので、空白の状態だ。ひとまず、右上隅の「×」ボタンで閉じよう

「パワーピボット」です。104万行を超えるようなビッグデータを対象にしたクロス集計を行ったり、複数のテーブルに分かれた多種多様なデータを用いてデータ分析を行ったりしたいのであれば、強力なデータ分析の実行が可能となるパワーピボットは重宝すると思います。

パワーピボットを「アドイン」として有効化する

パワーピボットは、Excel 2013以降に搭載されています。ただし、初期設定では"無効"になっているので、利用するには「アドイン」(追加機能)として"有効化"する必要があります。

Microsoft 365（旧Office 365）のExcelであれば、パワーピボットを有効にするのは簡単です。「データ」タブの「データツール」グループにある「データモデルの管理」という緑色のサイコロ状のボタンを押し、現れる画面で「有効化」をクリックすればOKです（図2）。すると「Power Pivot for Excel」というパワーピボットの画面が開きます（図3）。最初は何もデータがない状態です。右上隅の「×」ボタンでこの画面を閉じ、Excelに戻ると、「Power Pivot」というタブが追加されていることが分かります（図4）。これで、パワーピボットを使える状態になります。

図4 Excelに「Power Pivot」タブが追加され、パワーピボットを使える状態になる

　なお、パワーピボットの有効化は、別の方法でも行えます。Excelの「ファイル」タブをクリックし、左側のメニューで「オプション」を選択。開く「Excelのオプション」画面の左側で「アドイン」を選択し、一番下にある「管理」欄で「COM アドイン」を選択し、「設定」ボタンを押してください（図5）。開く画面で「Microsoft Power Pivot for Excel」の項目をチェックして「OK」ボタンを押せば、パワーピボットを有効にできます。

　こうしてExcelに追加される「Power Pivot」タブから、パワーピボット版ピボットテーブルを作成したり、「メジャー」と呼ばれる計算式や主要業績評価指標「KPI」を追加したり、さまざまなテーブル間の「リレーションシップ」を作成したりできるようになります。前ページ図4左端にある「データモデル」グループの「管理」という緑色のサイコロ状のボタンをクリックすれば、パワーピボットの画面を起動できます。

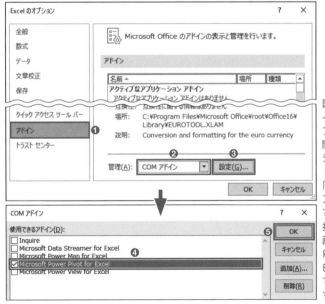

図5　Excelの「ファイル」タブから「オプション」を選択。開く「Excelのオプション」画面で「アドイン」を選び（❶）、「管理」欄で「COMアドイン」を選択して「設定」ボタンを押す（❷❸）。開いた画面で「Microsoft Power Pivot for Excel」をチェックして「OK」ボタンを押す（❹❺）

ピボットテーブルよりもパワフルに分析できる

従来のExcelの一般的なピボットテーブルと、モダンExcelのパワーピボットの最大の違いは、「データモデルに追加して、複数のデータ間でリレーションシップが取れる」という点にあります(図6)。また細かな点として、「値の集計方法」などにも違いが見られます(図7)。

パワーピボットがパワフルなのには、理由があります。次ページ図8のように、ピボットテーブルを作成する際、「このデータをデータモデルに追加する」という項目にチェックを入れると、強力な圧縮技術を搭載する「メモリー内分析エンジン」により、データを効率良くメモリーに格納してくれるからです。

マイクロソフトの説明によれば、その効果は元の状態に比べて7〜10分の1にもデータが小さくなるというのですから驚きです。これはつまり、ビッグデータになるほど「データモデルに追加する」＝パワーピボットを使うメリッ

相違点	一般的な ピボットテーブル	パワーピボット (データモデル)
作成元のデータ	Excelのテーブルに 基づいて作成される	データモデルの一部である テーブルに基づいて作成される
単一または 複数のテーブル	単一のExcelのテーブル またはデータ範囲に 基づいて作成される	データモデルに追加されていれば、 複数のデータテーブルに 基づいて作成できる
作成する場所	Excelのシートで作成する	Power Pivot for Excelで作成する

図6　一般的なピボットテーブルとパワーピボットの違い

値の集計方法 (該当するExcel関数)	一般的な ピボットテーブル	パワーピボット (データモデル)
個数 (COUNTA)	○	○
数値の個数 (COUNT)	○	×
重複しない値の数 (UNIQUE)	×	○

図7　ピボットテーブルとパワーピボットでは、対応する「値の集計方法」が異なる(一例)

トがある、ということになります。実際に試してみると分かりますが、数万行程度の小さなデータでも、かなり処理速度が向上します。

では、モダンExcelはどのようにデータを圧縮処理することで、高速化を可能にしているのでしょうか。図9がデータ圧縮の具体的なイメージです。

図9上に示した元のデータセットの右端「販売形態」を見ると、「店舗、店舗、店舗、直販、……」という具合に縦にデータが並んでいますが、その内容は「店舗」と「直販」の2つだけです。このようなデータを必要最小限に圧縮したのが図9下の列データ（Columnar Database）です。このように「データモデルに追加する」ことで、データを必要最小限に圧縮した列データをもとにピボットテーブルを作成できるのが、パワーピボットの利点の一つです。

ちなみに、VBAとモダンExcelを比べてみた場合、たった1個データを修正した際のデータ処理に、VBAが30秒程度かかったのに対し、モダンExcelはほんの一瞬で終了、というケースもあり、圧倒的にモダンExcelの

図8 ピボットテーブルの作成時に、「このデータをデータモデルに追加する」という項目を有効にすると、データを圧縮して効率良く処理できるようになる

ほうが速いです。

　だからといって、モダンExcelがVBAに勝るとか、すべて置き換えられるとか、そういうことではないと思います。それぞれ役割が違うので、相互に補完するイメージです。例えば、セルを対象に自動化するのであればVBA、「1行1件」「1列1項目」に整理されたデータを使い集計するのであればモダンExcelという具合に、両者を上手に使い分けて自動化を図る必要があると思います。

　パワーピボットを使うメリットをまとめると、

---

①ファイルサイズを削減でき、処理スピードを上げられる

②いわゆる"104万行の壁"を乗り越えてビッグデータ解析が可能になる

③後述するDAX（データ分析式）で複雑な計算も簡単にできる

などをポイントとして挙げることができます。

図9　元のデータセット（上）と、圧縮後の列データ（下）のイメージ

時系列分析に必須の
カレンダーテーブル

Modern **Excel**

　パワーピボットの起動方法が分かったところで、第1章PART3で作成した「経営ダッシュボード」を作るためのクエリをパワーピボットで操作してみましょう。

　まず、101ページ図28の「経営ダッシュボード.xlsx」を開き、「Power Pivot」タブの左端にある「管理」ボタンをクリックします（図1）。すると、パワーピボットが起動して、第1章PART3で作成し、データモデルに追加したクエリのテーブルが、表示されます（図2）。

　こうした販売データは、時系列で集計・分析するのが定石です。
「年度や四半期、月次や週次など、任意の時系列単位でデータを集計したい」
「月別累計や移動平均を算出したい」
「対前月比や対前年増減額を表示したい」

　そんなニーズは日常的によくありますが、時系列データを簡単に集計・分析するには「カレンダーテーブル」を用意する必要があります。

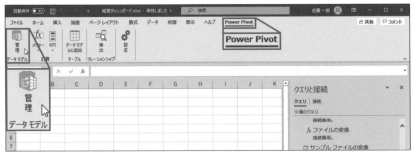

図1　101ページ図28の「経営ダッシュボード.xlsx」を開き、「Power Pivot」タブの左端にある「管理」ボタンをクリックする

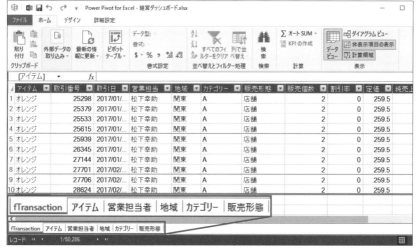

図2 「管理」ボタンをクリックするとパワーピボットが起動し、「経営ダッシュボード.xlsx」にデータモデルで追加したクエリのテーブルが、パワーピボットに取り込まれる

カレンダーテーブルの作り方

カレンダー（日付）テーブルとは、連続した日付列を持ち、年月などの時系列の階層を持つテーブルのことです。このカレンダーテーブルと、販売データのようなファクトテーブルを関連付ける（リレーションシップを設定する）ことにより、任意の期間で集計したり、後述する「タイムインテリジェンス関数」を利用したりできるようになります。カレンダーテーブルを作成することは、期間の操作が含まれる経営分析に必須です。

このカレンダーテーブルを作成する最も簡単な方法は、販売データなどの日付列を持つテーブルをパワーピボットに読み込んだ後、その日付列をクリックして選択し、「デザイン」タブにある「日付テーブル」ボタンを押すというものです（次ページ図3）。メニューから「新規作成」を選べば、「予定表」という名称のカレンダーテーブルを作成することができます。標準では「Date」

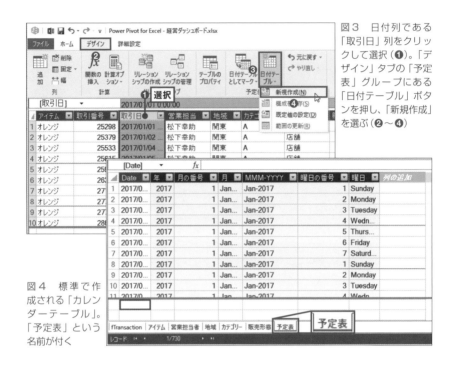

図3　日付列である「取引日」列をクリックして選択（❶）。「デザイン」タブの「予定表」グループにある「日付テーブル」ボタンを押し、「新規作成」を選ぶ（❷～❹）

図4　標準で作成される「カレンダーテーブル」。「予定表」という名前が付く

「年」「月の番号」「月」「MMM-YYYY」「曜日の番号」「曜日」という7項目を持つカレンダーテーブルが作成されます（図4）。

カレンダーテーブルを使いやすく加工する

　「予定表」というカレンダーテーブルは、「年」と「月」という"日付の階層"を持ちます。これを使うことで月次推移のようなグラフを表示することが可能となります。

　このうち「月」については、そのまま使わないほうがよいことが多いと思います。1月であれば「January」という具合に長い英語表記になっているからです。これでは、グラフをダッシュボードに配置したときなどに邪魔に

なります。

実はこの「月」の列は、「FORMAT」というDAX関数で表示されています。「月」の列を選択すると、Excelのシートと同様、上部の数式バーにその列を表示しているDAXの数式が表示されます。FORMAT関数の第2引数（パ

ワンポイント

「日付テーブルとしてマーク」することの必要性

図3のように「デザイン」タブにある「日付テーブル」ボタンから「予定表」を作成すると、"問題のない"カレンダーテーブルを簡単に作成できるのでお勧めです。"問題がない"というのは、「一意の日付列」を対象に、「日付テーブルとしてマーク」という設定が自動的に行われる、という意味です。この「日付テーブルとしてマーク」が行われないと、タイムインテリジェンス関数が正しく動作しないなど、後で問題が生じることになります。

DAXや従来のExcelで、独自にカレンダーテーブルを作ることもできますが、その場合も"一意の日付列"を対象に「日付テーブルとしてマーク」する作業を忘れずに行ってください（図A）。

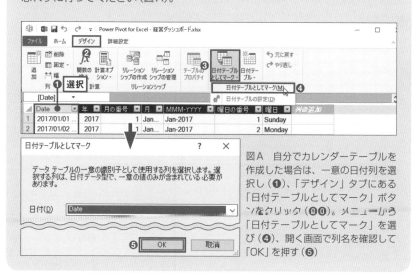

図A　自分でカレンダーテーブルを作成した場合は、一意の日付列を選択し（❶）、「デザイン」タブにある「日付テーブルとしてマーク」ボタンをクリック（❷❸）。メニューから「日付テーブルとしてマーク」を選び（❹）、開く画面で列名を確認して「OK」を押す（❺）

ラメータ）が「"MMMM"」と指定されている点に注目してください（図5）。これは、「月の名前を英語の正式名で表記する」という書式記号です。

「月」列のFORMAT関数を少しいじってみましょう。FORMAT関数の第2引数を「"MM"」のように変えると、「01」「02」…「11」「12」のように、1桁の場合はゼロを加えた2桁の数字で表記を統一できます（図6）。ちょっとしたことですが、覚えておくと便利です。

この引数を「"M"」とすると、「月」列の表示はゼロが付かない「月の番号」列と同じ表示になります。ただし、この「月」列は"テキスト型"なので、昇

図5 カレンダーテーブルの既定の「月」列は、FORMAT関数により英語表記となっている。第2引数に「"MMMM"」という書式記号が指定されている点に注目しよう

図6 カレンダーテーブルの「月」列のFORMAT関数を編集。第2引数を「"MM"」に変更して確定すると（❶❷）、「01」～「12」の2桁の数字で月を表現できる（❸）

順の並びが1→10→11→12→2→3→…→9のようになり、ピボットグラフの「軸」の設定に使えません（下記ワンポイント参照）。

なお、「予定表」にある標準の7項目だけでは、財務会計のデータを対象にするような時系列分析には不十分でしょう。なぜなら、「会計年度」や「四半期」など、各社独自のカレンダーの要素が欲しいからです。営業の観点からすれば、「営業日数」を計算したいというニーズもあるでしょう。一方、「営

ワンポイント

「月」列を正しい順番に並べ替えるには？

カレンダーテーブルの「月」の列は文字列（テキスト型）として扱われるため、そのままピボットグラフの「軸」に指定すると、1〜12月までの正しい順番に並びません。適切な「月」の並び順にするには、パワーピボットで「月」列を選択して「列で並べ替え」ボタンをクリック。開く画面で「並べ替え」の列に「月」、「グループ化」の列に「月の番号」を指定します（図A）。すると、並べ替えの基準に「月の番号」が用いられるので、「月」の表示を「Jan」「1月」「01」などいずれの形式にしても、正しい「月」の順番に並べ替えができます。

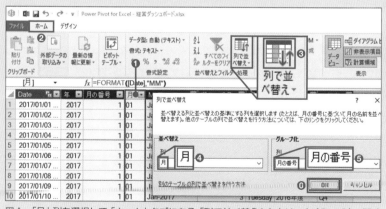

図A 「月」列を選択して「ホーム」タブにある「列で並べ替え」をクリック（❶〜❸）。開く画面の「並べ替え」欄で「月」、「グループ化」欄で「月の番号」を選び「OK」を押す（❹〜❻）

業日」と「休日」を見比べれば、営業日でもないのに取引が計上されている仕訳データに出くわすなど、不正会計と向き合うヒントも、カレンダーテーブルを工夫することで得られるようになります。

そこで、「予定表」にさらに改良を加えて、時系列分析に必須の「会計年度」

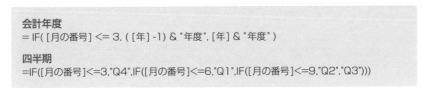

会計年度
= IF([月の番号] <= 3, ([年] -1) & "年度", [年] & "年度")

四半期
=IF([月の番号]<=3,"Q4",IF([月の番号]<=6,"Q1",IF([月の番号]<=9,"Q2","Q3")))

図7　カレンダーテーブルに追加する「会計年度」列と「四半期」列の数式

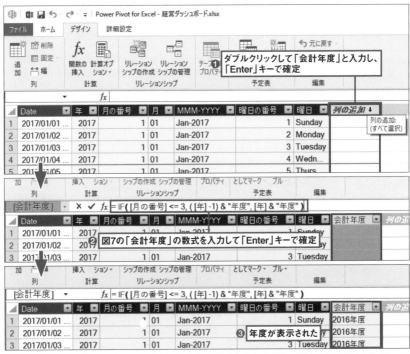

図8　右端にある「列の追加」という列に見出しや数式を入力すると、新たに列を追加できる。これを「計算列」と呼ぶ。見出しをダブルクリックして「会計年度」と入力したら（❶）、数式バーに図7の「会計年度」の数式を入れて確定すると（❷）、列全体に結果が表示される（❸）

と「四半期」の列をカレンダーテーブルに追加してみましょう。例えば"3月決算"であれば列の見出しと数式をそれぞれ図7のように設定します。具体的な操作は図8、図9の通りです。

この数式では、「IF」というDAXの関数を使っています。Excelの数式で使うIF関数と基本的には同じなので、難しくはないでしょう。DAXでは列の見出しを角かっこでくくって列を指定します。つまり、「[月の番号]＜＝3」という部分は、「『月の番号』列の値が『3』以下である」という条件を意味します。「3月以下」という条件で処理を切り分け、4月以降の場合は別の処理ができるようにしているわけです（図10）。 注意したいのは、このような数式で「月」の列は用いないことです。前述のように「月」の列は"テキスト型"のデータなので文字列として扱われ、計算に利用できないからです。数式では、"数値"で表現されている「月の番号」列を使うようにしてください。

なお、そのように数式で計算した月や年の数値に文字列を付けて表示するには、「＆"年度"」のように「＆」（アンパサンド）というテキスト連結演算子

図9 同様に「四半期」列を追加し（❶）、図7の「四半期」の数式を入力（❷）。確定すると「Q1」から「Q4」の区分が表示される（❸）

図10 ここでは90行目と91行目の間に「会計年度」と「四半期」の境目があり、それぞれ正しく区分されていることが分かる

を使います。文字列は「"」（ダブルクォーテーション、二重引用符）で囲みましょう。こちらもExcelで利用する数式と同様です。

　カレンダーテーブルは、連続した日付列を持つ"一意のデータ"です。これと、販売データのような「ファクトテーブル」にある取引日などの日付列でリレーションシップを取れば、後述する「タイムインテリジェンス関数」を利用できるようになります。

ワンポイント

どうカレンダーテーブルを作り、日付を計算すべきか？

　パワークエリとパワーピボット、どちらのモダンExcelで「カレンダーテーブル」を作り、前年同月のような数値を集計・表示すべきでしょうか。答えは後者。パワーピボットでカレンダーテーブルを作成し、DAXで計算すべきです。その理由は2つあります。

　第一に、カレンダーテーブルはパワーピボットの「予定表」タブから簡単に作成できるからです。パワークエリでも、「List.Dates」関数などを使えばカレンダーテーブルを作成できますが、前述のように「日付テーブルとしてマーク」する必要もある点などを考慮すると、パワーピボットの「予定表」から作るほうが便利で、手間なしです。

　なお、Excelのシートでカレンダーテーブルを作成することはお勧めしません。セルの削除等で一意の日付データにならないこともあり、日付範囲の変更が面倒であるなど、そのメンテナンス性に問題があるからです。

　第二に、うるう年の処理を考えると、パワーピボットでタイムインテリジェンス関数を使うほうが、簡単かつ正確です。パワーピボットであれば、「PARALLELPERIOD」関数などを使い、うるう年の2月29日の処理を適正に行えます。一方、パワークエリでもうるう年の計算を正確にすることは可能ですが、ダブルカウントが発生します。当年がうるう年の2月29日で前年比較すると、前年の2月28日のデータが二重に計算されてしまうのです。そのため、これを別途修正する必要があり、計算過程が煩雑になります。

リレーションシップで、複数データを関連付ける

　パワーピボットは複数のテーブルをつなぎ、従来のピボットテーブルとは比較にならない複雑なデータ分析を可能とし、私たちに新たな洞察を与えてくれます。この洞察を得るには「リレーションシップ」というデータ相互の関連付けが必要です。

　単純なデータであれば、従来からあるVLOOKUP関数やピボットテーブルでも新たな洞察を得ることは可能です。しかし、複雑なデータであるほど「リレーションシップ」という機能を使うほうが便利で、しかも的確です。そして、データを「ファクト（Fact）」と「ディメンション（Dimension）」に分けて考える必要があります。

　データモデルにはいくつかの種類がありますが、その基本は"星形の表"という意味を持つ「スタースキーマ」です。

データモデルの基本は"星形の表"＝「スタースキーマ」

　多様なデータを、さまざまな角度から眺めることで、新たな洞察を得ることが可能となります。事実（ファクト）の全体像を把握するには、目的に即した多様な次元・局面（ディメンション）でデータを分析することが必要です。

　その前提として、データ相互を関連付ける「リレーションシップ」がポイントになります。リレーションシップを的確に行うには「ファクト」と「ディメンション」という考え方を知っておかねばなりません。別の言い方をすれば、データを「ファクトテーブル」と「ディメンションテーブル」に分けてモデリングする必要性があります。

　ここで「データモデリング」とは、データを構造化することをいいます。また、データの関係性を含めて構造化されたデータの固まりのことを「データモデル」と呼びます。例えるなら、ドラマの登場人物の関係性を表すことをデータモデリング、それを図示した相関図がデータモデルというイメージです。

　このデータモデリングあるいはデータモデルは、データ分析の"要"ともいえる重要な役割を担います。第１章で説明した「ETL（抽出・変換・読み込み）」により分析可能なデータを取得し、後述する「リレーションシップ」によりデータモデルを構築し、最終的にデータを分かりやすくレポートし可視化します（第３章で解説）。こうしたデータ分析のプロセスに、データモデ

図１　データ分析は大まかに３つのプロセスに分けられる。取得したデータを構造化することを「データモデリング」と呼ぶ

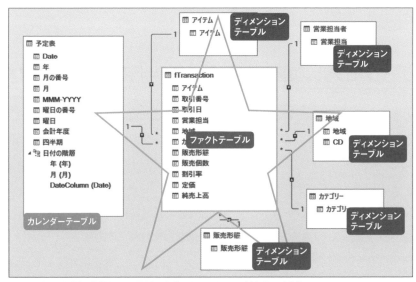

図２　データ分析の前提となる星形の表「スタースキーマ」（本書の事例）

リングは欠かせないものなのです（図1）。

　このデータモデリングの基本が、「スタースキーマ」というデータモデルです。販売実績データのような"分析対象"となるファクトテーブルを中心に置き、アイテムや営業担当者などのマスタという"データの切り口"となるディメンションテーブルを周囲に配置します。これが星の形を想起させることから「スタースキーマ」、直訳すると"星形の表"と呼ばれます。ファクトテーブルからディメンションテーブルに対して原則、「多対1（Many to One）」のリレーションを設定することで、経営管理に役立つデータ分析を行えるようになります（図2）。

　例えば、販売実績データ（fTransaction）のように日々多数の実績データ（トランザクション）が存在するものが「ファクトテーブル」になります。営業担当者マスタのように1つの担当者コードに1人の担当者名が存在するという"ユニークデータ（一意の値）"を集約したものが「ディメンションテーブル」です。ファクトテーブルを「多」、ディメンションテーブルを「1」として、データ相互をリレーションすることを通じ、目的に即した多様なデータ分析が可能となります。

　なお、データモデリングは、スタースキーマ以外にもあります（図3）。

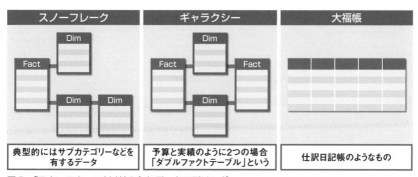

図3　「スタースキーマ」以外の主なデータモデリング

　注意しなければならないのは、分析目的に合わないデータモデリングを採用してしまうとデータ集計や可視化が思うようにできないことがあるという点です。また、一般的にスタースキーマ以外のデータモデリングではデータモデルが複雑になり、データ処理に時間がかかるなどのデメリットがあるといわれています。

　従って、まずはデータ分析の基本となるスタースキーマを理解するのが第一です。ファクトテーブルを中心にその周りにディメンションテーブルを配置し、ファクトテーブルとディメンションテーブルの間でリレーションシップを取る必要がある──こうしたことを理解してください。

データ分析で必須となる「リレーションシップ」の作成

　パワーピボットの「リレーションシップ」という機能は、複数のテーブルを用い、これまでにない複雑なデータ分析を可能とし、新たな洞察を私たち

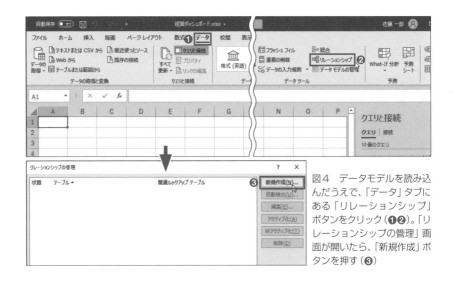

図4　データモデルを読み込んだうえで、「データ」タブにある「リレーションシップ」ボタンをクリック（❶❷）。「リレーションシップの管理」画面が開いたら、「新規作成」ボタンを押す（❸）

に与えてくれます。

　具体的には、パワーピボットにデータモデルを読み込んだ後、テーブル間の「リレーションシップ」を作成します。その方法は大別して2つあります。1つはExcelの「データ」タブにある「リレーションシップ」機能を使う方法、もう1つはパワーピボットが備える「ダイアグラムビュー」機能を使う方法です。

　1つめの方法から見てみましょう。Excelの「データ」タブにある「データツール」グループには、「リレーションシップ」というボタンがあります（図4）。本章PART2までの操作を経てカレンダーテーブルの準備ができた「経

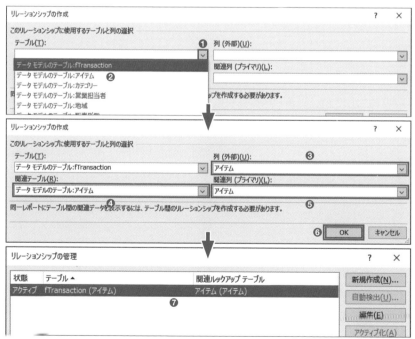

図5　「リレーションシップの作成」画面が開いたら、「テーブル」欄に「fTransaction」テーブルを選択（❶❷）。「列」欄に「アイテム」列、「関連テーブル」欄に「アイテム」テーブル、「関連列」欄で共通項目の「アイテム」列を選ぶと（❸～❻）、リレーションシップを設定できる（❼）

営ダッシュボード.xlsx」を開いて、この「リレーションシップ」ボタンをクリックしてください。「リレーションシップの管理」画面が開いたら、「新規作成」ボタンを押します。

　すると、「リレーションシップの作成」画面が開きます（前ページ図5）。この画面は上下に分かれていて、上にファクトテーブルのようなデータを指定します。「アイテム」という項目でリレーションシップを取る場合、「テーブル」欄で「fTransaction」を選択し、その右の「列」欄で「アイテム」列を選択します。下の「関連テーブル」欄にはディメンションテーブルのような "一意のデータ" を指定します。この「関連テーブル」欄で「アイテム」テーブルを選択し、その右の「関連列」で「アイテム」列を選択します。これで、「アイテム」列という共通項目を対象に、相互に関連するテーブルとしてリレーションシップを作成できます。

　同様に、「カテゴリー」「営業担当」「取引日」「地域」「販売形態」の各項目について、該当するテーブルの列とリレーションシップを設定します（図6）。「取引日」については、本章PART2で作成した「予定表」というカレンダーテーブルの「Date」列を「関連列」に指定してください。

　完了したら、「リレーションシップの管理」画面は閉じてしまって構いません。「データ」タブにある「リレーションシップ」ボタンをクリックすれば再び開

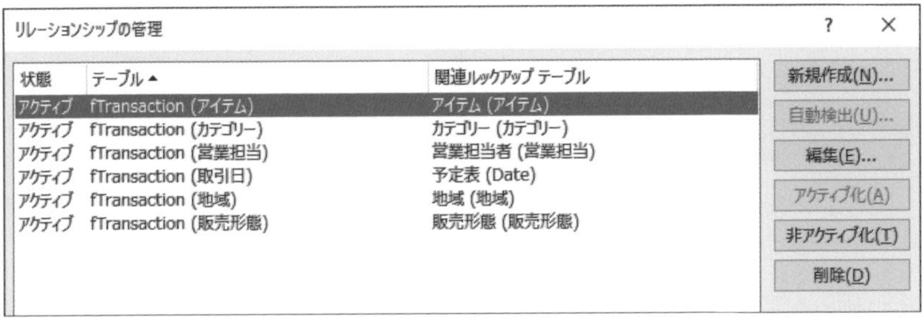

図6　「経営ダッシュボード」の作成に必要なリレーションシップをすべて設定したところ

いて、「新規作成」「編集」「削除」などが行えます。

なお、「アクティブ化」「非アクティブ化」というボタンは中級者向けの機能なので、ここでは説明を割愛します。

パワーピボットで「リレーションシップ」を作成する

リレーションシップを作成する2つめの方法は、パワーピボットの「ホーム」タブにある「ダイアグラムビュー」という機能を使います。初心者にはこち

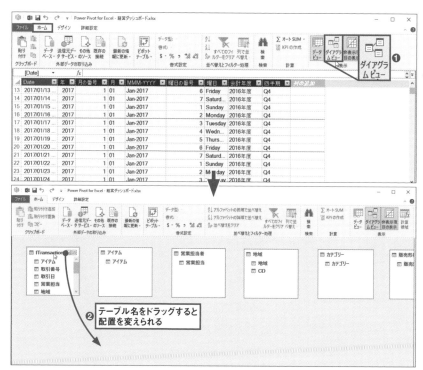

図7　パワーピボットの「ホーム」タブにある「ダイアグラムビュー」ボタンをクリックすると（❶）、テーブルを表すボックスが並んだ画面になる。テーブル名の部分をドラッグすると、ボックスを動かして配置を変えられる（❷）。またボックスの外枠をドラッグするとサイズも変えられる

らのほうが便利かもしれません。というのも、リレーションシップの関係を
ビジュアルで確認でき、直感的に分かりやすいからです。

　「ダイアグラムビュー」ボタンをクリックすると、開く画面に各テーブル
が配置されます（前ページ図7）。見やすい位置に配置し直したら、リレーショ

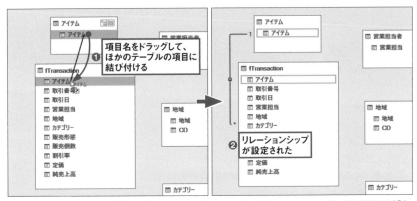

図8　一方のテーブルから項目をドラッグし、ほかのテーブルに持っていくと、黒い線が現れる（❶）。
関連付けたい項目のところでマウスのボタンを離すと、リレーションシップが設定される（❷）

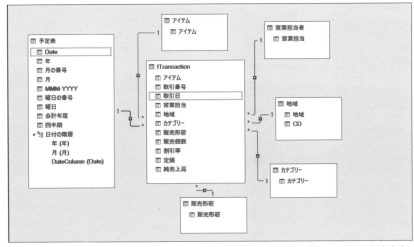

図9　ダイアグラムビューで設定したリレーションシップ。126ページ図6と同じ設定がビジュ
アルで表現されている

ンシップを作成したい一方の項目を、別のテーブルまでドラッグして移動します。すると黒い線が現れるので、該当する項目のところでマウスのボタンを離します（図8）。これでリレーションシップが作成されます。

図8の要領で、「アイテム」「営業担当」「地域」「カテゴリー」「販売形態」をそれぞれ「fTransaction」テーブルの該当項目と結び、「予定表」の「Date」と「fTransaction」の「取引日」を結べば、126ページ図6と同じリレーションシップを作成できます。完成すると、図9のようになります。

ここでは、多数の取引データ（トランザクション）を持つ「fTransaction」というファクトテーブルの周りに、カレンダーテーブルである「予定表」のほか、データの切り口となる「アイテム」「営業担当者」「地域」「カテゴリー」「販売形態」という ディメンションテーブルを配置しました。これが前述した「ス

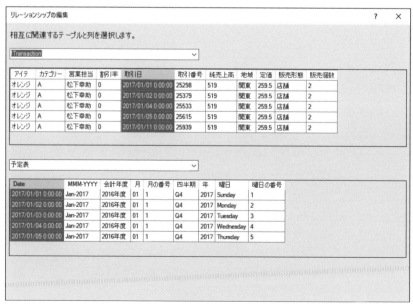

図10　ダイアグラムビューで、テーブルを結ぶ線をダブルクリックすると、このような「リレーションシップの編集」画面が開く。関連付ける項目をクリックで選択して変更できる

タースキーマ」というデータモデルで、各リレーションシップの関係を、パワーピボットの「ダイアグラムビュー」という機能により図示しています。

図9の各テーブルをつなぐ線を見ると、「fTransaction」というファクトテーブル側に「*」（アスタリスク）、その先にある「予定表」などディメンションテーブル側に「1」と表示されているのが分かります。これが「多対1（Many to One）」と呼ぶ、基本のリレーションシップです。データのリレーションシップをする際は、ファクトテーブルを「多（*）」、ディメンションテーブルを「1」としてつなぐ必要があります。

なお、つなぎ直しが必要な場合、このリレーションシップの接続線をダブルクリックすると「リレーションシップの編集」画面が開きますので、ファクトテーブルからディメンションテーブルに対し「多対1」となるようにリレーションシップを修正します。（前ページ図10）。

ワンポイント

パワーピボットにテーブルを追加・削除する方法

データ分析を進めていくと、「番号」などの新たなディメンションテーブルが欲しくなり、テーブルを追加したくなることがあります。この場合、Excelのシート上に追加したいテーブルを作成し、「Power Pivot」タブにある「データモデルに追加」を実行すればOKです（図A）。パワーピボットの画面が開き、テーブルが追加されます（図B）。リレーションシップも忘れずに作成するようにしてください。テーブルが不要になったら削除も可能です（図C）。

なお、パワークエリで作成したテーブルをパワーピボットのデータモデルから削除するには、パワークエリ側で削除する必要があります。

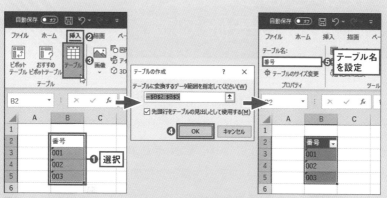

図A Excelのシート上に追加したいテーブルの値を入力して選択（❶）。「挿入」タブの「テーブル」ボタンを押してテーブルに変換し（❷～❹）、テーブル名を付けておく（❺）

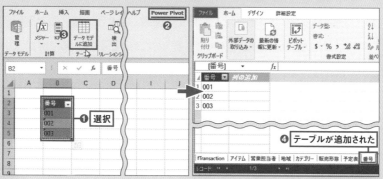

図B シート上のテーブルを選択して「Power Pivot」タブにある「データモデルに追加」ボタンを押す（❶～❸）。するとパワーピボット画面が開いて同名のテーブルが追加される（❹）

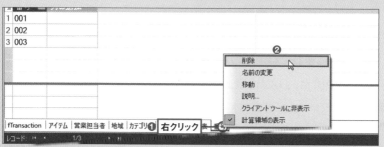

図C パワーピボット上で不要なテーブルを削除するには、画面下のシート見出しのような部分を右クリックし（❶）、開いたメニューで「削除」を選ぶ（❷）

PART 4

使いこなしに必要な 「DAX」の基礎知識

Modern **Excel**

　パワーピボットを活用するためのポイントの1つである「リレーションシップ」について学んだところで、もう1つのポイントである「DAX（Data Analysis eXpressions）」について解説しましょう。

　DAXは、パワーピボットのデータモデルに関連付けられた数式言語で、既存のデータから新しい情報を作成するのに役立つ"データ分析式"です。パワーピボットを使いこなすには、DAXの理解が不可欠になります。

　DAXを使い始めると、最初はExcelの「関数」のように感じると思いますが、実際はかなり違います。DAXは一見シンプルですが、実に奥が深い機能です。まずは、本書で解説する基本から理解するとよいでしょう。

DAX関数の種類

　Excelの数式では、「SUM」（合計）などの関数を日常的に使いますが、それらは「ワークシート関数」と呼ばれます。同様にDAXでも、さまざまな計算や処理を可能とする関数が多く用意されていて、それらは総じて「DAX関数」と呼ばれます。

　DAX関数は多岐にわたるので、必要に応じて理解を進めればよいでしょう（図1）。例えば、DAXの数式の効果的な活用に役立つ関数として、「MIN」（最小値）や「MAX」（最大値）などの「集計関数」、「PREVIOUSMONTH」（前月）や「OPENINGBALANCEYEAR」（開始年）などの「タイムインテリジェンス関数」、「CALCULATE」（絞り込み計算）などの「フィルター関数」、「HASONEVALUE」（一意の値）などの「情報関数」というものがあります。

このほか、Excelの関数に似た「日付と時刻関数」「論理関数」「数学関数と三角関数」「統計関数」、勘定科目の体系にある款・項・目・節のようにデータモデルで親／子の階層として表示されるデータの管理に役立つ「親関数と子関数」、テーブル間のリレーションシップを管理および操作する「リレーションシップ関数」、正味現在価値などの財務計算で用いる「財務関数」、テーブルを返す「テーブル操作関数」、文字列内のテキストを検索する際などに役立つ「文字列関数（テキスト関数）」などがあります。

DAX数式で使う関数は250を超え、その数は増え続けています。必要に

図1　DAX関数の分類。用途に応じたさまざまな関数がある

応じて、基本的な内容を押さえるようにすればよいでしょう。

DAX演算子

DAXにもExcelと同様の「演算子」が用意され、後述する「計算列」と「メジャー」で使えます。ここでは、モダンExcelでよく使う、主なDAX演算子を紹介します（図2〜図4）。これらの演算子のほか、数学の計算と同様、

算術演算子

算術演算子	意味
＋（プラス）	加算（足し算）
-（マイナス）	減算（引き算）
＊（アスタリスク）	乗算（掛け算）
／（スラッシュ）	除算（割り算）
＾（キャレット）	指数（累乗、べき乗）

図2　基本的な計算、数値の結合、数値による結果の生成を行う「算術演算子」。これらはExcelの数式で使うものと共通だ

比較演算子

比較演算子	意味	記述の例
＝	等しい	[アイテム] ＝ "リンゴ"
＝＝	厳密に等しい	[アイテム] ＝＝ "リンゴ"
＞	より大きい	[定価] ＞ 100
＜	より小さい	[定価] ＜ 100
＞＝	以上	[定価] ＞＝ 100
＜＝	以下	[定価] ＜＝ 100
＜＞	等しくない	[アイテム] ＜＞ "リンゴ"

図3　2つの値を比べる「比較演算子」。成り立てば「TRUE」、それ以外は「FALSE」という論理値で結果を返す。「＝＝」を除いて、空欄（BLANK）を数値の0や空文字（""）に等しいものと判定する

論理演算子

論理演算子	意味	記述の例
＆＆	2つの式の間にAND条件を作成する	([アイテム] ＝ "リンゴ") ＆＆ ([定価] ＞＝ 100)
‖（縦棒が2つ）	2つの式の間にOR条件を作成する	([アイテム] ＝ "リンゴ") ‖ ([定価] ＞＝ 100)
IN	値の行があるか、テーブルに含まれている場合はTRUEを返し、それ以外はFALSEを返す	[アイテム] IN { "リンゴ", "メロン" }

図4　式を結合して1つの結果を生成する「論理演算子」。成り立てば「TRUE」、それ以外は「FALSE」という論理値で結果を返す。「‖」は縦棒（垂直バー、パイプ）を2つ続けて入力する

計算順序を制御する「括弧演算子」も利用できます。またExcelと同様、「テキスト連結演算子」である「&」（アンパサンド）で、複数のテキスト文字列を結合して、1つのテキストにすることもできます。

　なお、DAXで定義する際、テーブル名は「'テーブル名'」のように「'」（シングルクォーテーション、単一引用符）でテーブル名を囲むのが基本。列名は「[列名]」のように角かっこ（ブラケット）で囲みます。例えば、「テーブル1の列A」を指定したいときは「'テーブル1'[列A]」とします。また、文字列の引用符には、Excelと同様に「"」（ダブルクォーテーション、二重引用符）を使います[注1]。

「計算列」と「メジャー」の違い

　経営管理に必要な分析を実行するには、計算が必要です。計算自体は、これまで同様Excelでも可能です。しかしExcelの場合、そもそも"104万行の壁"がありますし、計算処理が遅いという欠点もあります。そこで活躍するのが、「DAX」です。

　パワーピボットのDAXによる計算方法は2つあります。

①計算列　　➡ テーブルに常に計算結果を表示したい場合に使う

②メジャー　➡ 計算結果だけが必要なときに使う

①「計算列」を追加して計算する

　「計算列」は、DAXの数式で計算する列をテーブルに追加する方法です。次ページ図5は、本書で作成している「経営ダッシュボード.xlsx」で起動するパワーピボット画面で、「fTransaction」テーブルの「販売個数」「割引率」「定価」「純売上高」の列だけを表示したものです。そのほかの列を非表示に

[注1]　予約キーワード以外の英字のテーブル名であれば「'」で囲む必要はないが、日本語のテーブル名などでは「'」が必須なので、原則「'」で囲む習慣を身に付けておいたほうがよい

する方法は154、155ページを参照してください。

このテーブルに、計算列を使った「定価×販売個数」という列を追加して
みましょう。右端にある「列の追加」という場所で「定価×販売個数」という

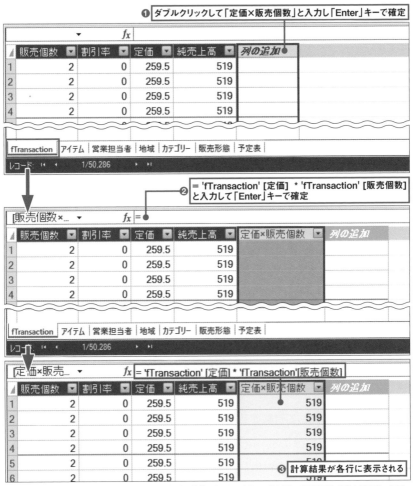

図5 「計算列」の例。「列の追加」という欄をダブルクリックして「定価×販売個数」列を追加し（❶）、
そこに数式を入力して確定した（❷❸）。数式は上部の数式バーで入力する。列やセルを選択すると、
数式バーに数式が表示される

列を追加し、数式バーに、

= 'fTransaction' [定価] * 'fTransaction' [販売個数]

という数式を入力し、「Enter」キーで確定します。これは「『fTransaction』テーブルの『定価』列と、『fTransaction』テーブルの『販売個数』列を掛け算する」という意味の数式になります。

　図5では、「定価×販売個数」の計算結果が、「純売上高」の列と一致しています。これは、図5で見えている行の「割引率」がいずれも「0」であるためです。「0」以外の割引率である場合、ここでいう「純売上高」は、割引後の売上高となります。一方、「定価×販売個数」は割引前の「定価」を基に計算するので、「定価売上」を表します。

　なお、図5では「定価×販売個数」の列を選択しているため、列見出しの色が反転して分かりづらいのですが、このように数式を入れた「計算列」は、列見出しが黒色で表示されます。図6がその状態です。元のデータが入っている列は緑色、計算列は黒色と、色の違いで列の種類を示しています。

　インターネット上にさまざまなDAXの活用事例があるのでぜひ参考にしてほしいと思いますが、こうした事例を検証していく際、どこが計算列か

	元々のデータは緑色				計算列は黒色	
[販売個数] ▼		*fx*				
▲ 販売個数 ▼	割引率 ▼	定価 ▼	純売上高 ▼	定価×販売個数 ▼	*列の追加*	
1	2	0	259.5	519	519	
2	2	0	259.5	519	519	
3	2	0	259.5	510	519	
4	2	0	259.5	519	519	
5	2	0	259.5	519	519	

図6　計算列は列見出しが黒色で表示される（列を選択しているときを除く）

が分かると便利です。というのも、"緑色"の列は元のデータの列ですから
DAXによる計算式はなく、素のデータ（raw data）のままです。一方、"黒色"
で表される計算列にはDAXによる数式が入っていますので、どんな計算を
しているのか検証する価値がある列でもあるからです。

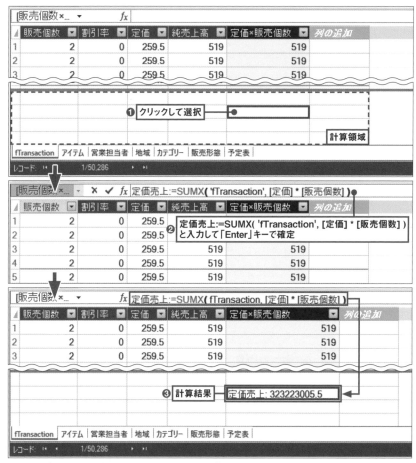

図7　メジャーの計算例。灰色の横線で区切られた「計算領域」のセルを選択し（❶）、数式バーに「メ
ジャー名：＝数式」という書式で数式を入力する（❷）。「Enter」キーで確定すると「メジャー名：計
算結果」という書式で結果が表示される（❸）

②「メジャー」を作成して計算する

　「メジャー」は、直訳すると物差し・定規・巻き尺など、計測・計算するためのツールを意味します。モダンExcelにおけるメジャーも、計測・計算するためのツールです。このメジャーは、計算列のようにテーブルに列として表示させずに、必要に応じて、定義されたDAXの数式に基づき計算結果を表します。

　パワーピボットの画面下側、灰色の横線で区切られた下の部分を「計算領域」と呼びます。もし、計算領域が表示されていないときは、「ホーム」タブの「表示」グループにある「計算領域」ボタンをクリックしてください。この計算領域に数式を入力して計算するのがメジャーです。

　メジャーを入力するには、計算領域をクリックして選択後、数式バーに移動します。そしてメジャー名に続けて「:=」(コロンとイコール) を入力し、その後ろに数式を入力します (図7)。メジャー名の後には必ず「:=」と入力する必要がある点に注意してください。図7の「定価売上」というメジャーは、

定価売上:=SUMX('fTransaction', [定価] * [販売個数])

のように入力して数式を定義しています。SUMX関数については後述しま

項目	計算列	メジャー
数式の入力	「=」の後に入力する	メジャー名の後に「:=」と入力し、続けて数式を入力する
名称の入力	列見出しに入力する	式の冒頭部に入力する
計算結果の表示	テーブルに「計算列」として常に計算・表示される	ピボットテーブルで計算・表示する際、必要に応じて結果を表示する
見出しでの利用	利用できる	利用できない
ハードへの負荷	メモリーを消費する	CPUを消費する

図8　計算列とメジャーの主な違い

すが、この式は「『fTransaction』というテーブルで［定価］*［販売個数］という計算をして、それらを合計する」という意味になります。

　ここで、「計算列」と「メジャー」の違いについて整理しておきましょう（前ページ図8）。列としてデータを常に持つ計算列に比べ、必要なときにだけ計算するメジャーのほうがデータを軽くできるという特徴があります。この辺りは、ビッグデータになるほどデータ分析のパフォーマンスに影響を及ぼす要因になります。

　一般的には、レポートのフィルターで必要とするときは計算列を、比率などを集計したいときはメジャーを使うことが推奨されています。

　ちなみに、メジャーを入力するとき、数式バーが1行では狭くて見づらい場合があります。長くて複雑なDAX式を記述する場合、数式バーが1行ではうまく式を書けません。実は、数式バーや計算領域は、境界線を上下にドラッグすることで、広げたり狭めたりできます。これは、モダンExcel初心者が意外に知らない、"パワーピボットあるある"です。

「SUM」と「SUMX」、末尾の「X」の違い

　138ページ図7でメジャーによる計算方法を説明する際、例として「SUMX」関数の数式を挙げました。「SUMX」（合計）や「AVERAGEX」（平均）といった末尾に「X」（エックス）の付くDAX関数は、モダンExcelではよく使います。これは「イテレーター（反復子）」と呼ばれるDAX関数で、行ごとに反復計算をする特性があります。ここで、DAX初心者が戸惑う、SUMとSUMXの違いを解説しましょう。

　そもそも、モダンExcelは「列」で考えます。これは従来のExcelが「セル」で考えるのと大きな違いです。モダンExcel初心者は、まずこの違いを理解する必要があります。大事なことなのでもう一度言いますが、モダンExcel

は「セル」ではなく「1列1項目の列」で考える必要があります。

　これが分かると、DAXの使い方が少し見えてきます。図9をご覧ください。「純売上高」を合計した「純売上」を求めたものです。ここには「純売上高」という「列」があります。「列」であれば、集計は簡単です。というのも、Excelでおなじみの「SUM」という関数を使えばよいからです。すなわち、「純売上」を計算するメジャーは、

純売上:=SUM('fTransaction' [純売上高])

のように記述できます。

　図9のDAX式は、「『純売上』というメジャーは、『fTransaction』というテーブルの『純売上高』という列を合計する」という意味になります。ほぼExcelと同様であり、それほど難しくはないと思います。

　一方、割引率を考慮しない「定価売上」を合計するにはどうすればよいでしょ

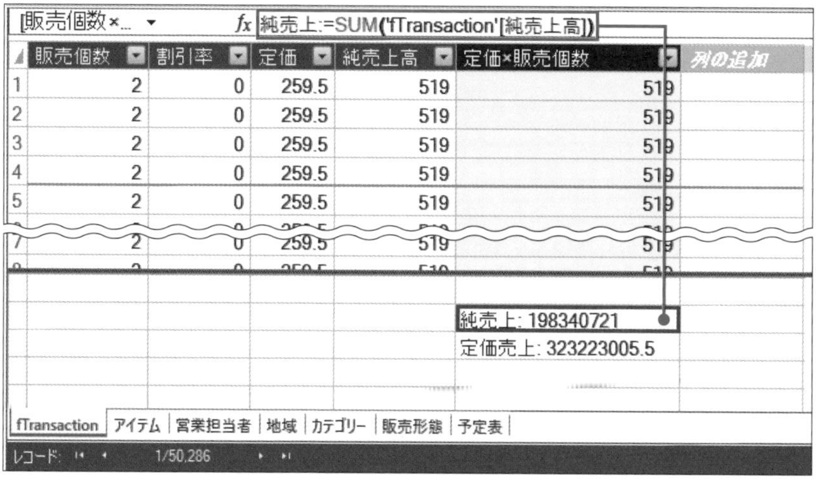

図9　「純売上高」列をSUMで合計し、純売上の合計を求めた

うか。136ページ図5において、「定価×販売個数」という計算列を追加したのを思い出してください。この「列」を合計すれば「定価売上」の合計を計算できますので、そのメジャーは次のように記述できます（図10）。

定価売上:=SUM('fTransaction' [定価×販売個数])

　ただし、いちいち計算列を作り、その後にSUMで合計する、という2つのステップをたどるのは、あまりスマートではありません。そこで、真っ先に思い付くのが、「定価売上:=SUM([定価] * [販売個数])」のような数式でしょう。基本的な考え方は、これで合ってます。「[定価] *[販売個数]」という数式で「定価×販売個数」を計算し、その結果をSUMで合計する、というのは筋としては悪くありません。しかし、このメジャーはエラーになり、計算できません（図11）。

　というのも、SUMのDAX構文が次の通りだからです。

SUM(<column>)

　つまり、SUMというDAX関数は「列」（column）を合計する関数であり、「'fTransaction'[定価] * 'fTransaction'[販売個数]」のような数式（expression）を引数にすることはできないのです。

　そこで、真打「SUMX」の登場です。まずは、SUMXのDAX構文を確認します。

SUMX(<table>, <expression>)

　マイクロソフトの説明では、SUMXというDAX関数は「テーブルの行ご

とに評価される式の合計値を返します」とあり、第1引数にテーブル（table）、第2引数に数式（expression）が必要になります。

ここでは「fTransaction」というテーブルの各行で、「[定価]＊[販売個数]」

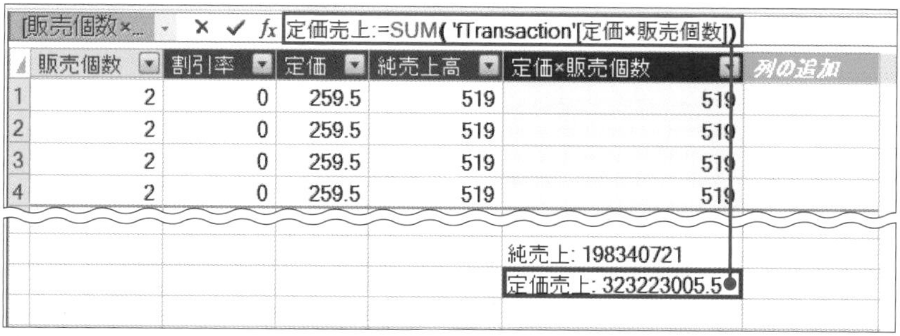

	販売個数	割引率	定価	純売上高	定価×販売個数	列の追加
1	2	0	259.5	519	519	
2	2	0	259.5	519	519	
3	2	0	259.5	519	519	
4	2	0	259.5	519	519	

[販売個数×... 〜 ✕ ✓ *fx* 定価売上:=SUM('fTransaction'[定価×販売個数])

純売上: 198340721
定価売上: 323223005.5

図10　計算列として追加した「定価×販売個数」列をSUMで合計することで、定価ベースでの定価売上の合計を求めた

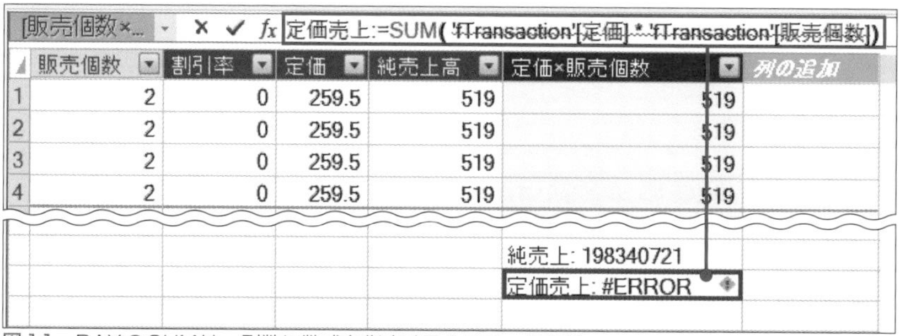

[販売個数×... 〜 ✕ ✓ *fx* 定価売上:=SUM('fTransaction'[定価] * 'fTransaction'[販売個数])

	販売個数	割引率	定価	純売上高	定価×販売個数	列の追加
1	2	0	259.5	519	519	
2	2	0	259.5	519	519	
3	2	0	259.5	519	519	
4	2	0	259.5	519	519	

純売上: 198340721
定価売上: #ERROR

図11　DAXのSUMは、引数に数式を指定するとエラーになる

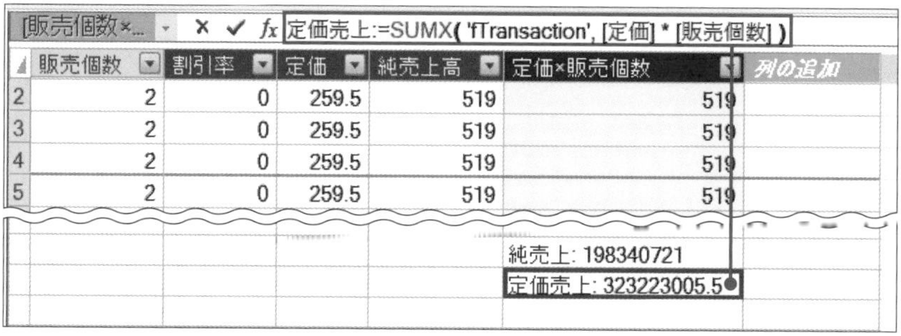

[販売個数×... 〜 ✕ ✓ *fx* 定価売上:=SUMX('fTransaction', [定価] * [販売個数])

	販売個数	割引率	定価	純売上高	定価×販売個数	列の追加
2	2	0	259.5	519	519	
3	2	0	259.5	519	519	
4	2	0	259.5	519	519	
5	2	0	259.5	519	519	

純売上: 198340721
定価売上: 323223005.5

図12　SUMXを使えば、数式を引数に指定して、行ごとに計算した結果を合計できる

143

の計算を行い、その合計値を計算したいので、メジャーは

定価売上:=SUMX('fTransaction', [定価] * [販売個数])

のようになります（前ページ図12）。これが138ページ図7で紹介したメジャーです。このようにSUMX関数を使えば、計算列なしの1ステップで、各行を計算した合計値を計算できることになります。

時系列分析で活躍する「タイムインテリジェンス関数」

　DAXというデータ分析式の中でも、タイムインテリジェンス関数はモダンExcelで頻繁に用いられる特徴的な関数の一つです。年、四半期、月、日などの期間＝タイムを使用して、データを操作＝インテリジェンスし、前年

	販売個数	割引率	定価	純売上高	定価×販売個数	列の追加
2	2	0	259.5	519	519	
3	2	0	259.5	519	519	
4	2	0	259.5	519	519	
5	2	0	259.5	519	519	
6	2	0	259.5	519	519	
7	2	0	259.5	519	519	
8	2	前月:=CALCULATE([純売上], PREVIOUSMONTH('予定表'[Date]))				
9	2	0	259.5	519	519	

[販売個数 × ... ▼] × ✓ fx 前月:=CALCULATE([純売上], PREVIOUSMONTH('予定表'[Date]))

純売上: 198340721
定価売上: 323223005.5
前月: (空白)

fTransaction｜アイテム｜営業担当者｜地域｜カテゴリー｜販売形態｜予定表

図13 タイムインテリジェンス関数の「PREVIOUSMONTH」を使い、「前月」の純売上を求めるメジャーを作成した。「CALCULATE」というフィルター関数と組み合わせて使うのがポイント

比や累計などを計算する際に便利な関数です。

例えば、「SAMEPERIODLASTYEAR」という関数を用いると前年同月比などを簡単に計算できます。年度累計を表示したければ「TOTALYTD」関数を、四半期累計を計算したければ「TOTALQTD」関数を用います。

まずは簡単な事例で、タイムインテリジェンス関数の効果を見ることにします。141ページで作成した「純売上」というメジャーを対象に、その「前月」の純売上や「前年同月」の純売上を計算してみましょう。

前月の純売上を計算したのが、図13のメジャーです。「前月」という名前

ワンポイント

メジャーの位置を移動して整理する

メジャーが多くなると、どこに何のメジャーがあるか見つけにくくなることもあります。そんなときは、メジャーを「切り取り」→「貼り付け」することで、1つずつ場所を移動し、計算領域の好きな位置に整理することができます。該当するメジャーを右クリックし、メニューを選ぶだけです（図A）。

ただし、メジャーは1つずつ「切り取り」→「貼り付け」する必要があります。複数のメジャーをまとめて「削除」することはできますが、まとめて「切り取り」や「コピー」はできません。

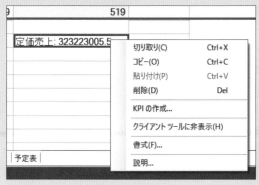

図A　メジャーを右クリックすると、開くメニューで「切り取り」「コピー」「削除」などの操作ができる。切り取った後に「貼り付け」することで表示場所を移動できる

で次のように入力して数式を定義しています。

前月:=CALCULATE([純売上], PREVIOUSMONTH('予定表'[Date]))

　この計算式は、「CALCULATE」という「フィルター関数」を使い、先に求
めた「純売上」というメジャーを対象に、「予定表」テーブルの「Date」列を

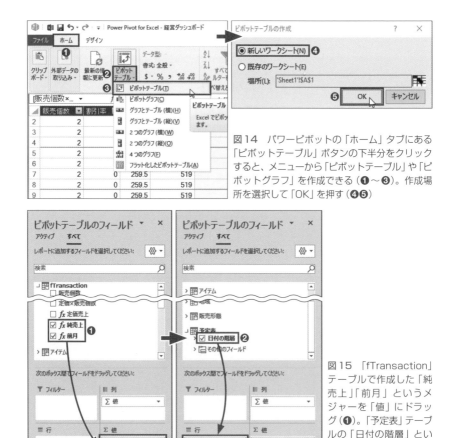

図14　パワーピボットの「ホーム」タブにある「ピボットテーブル」ボタンの下半分をクリックすると、メニューから「ピボットテーブル」や「ピボットグラフ」を作成できる（❶〜❸）。作成場所を選択して「OK」を押す（❹❺）

図15　「fTransaction」テーブルで作成した「純売上」「前月」というメジャーを「値」にドラッグ（❶）。「予定表」テーブルの「日付の階層」というフィールドを「行」にドラッグする（❷）

用いて、前月（PREVIOUSMONTH）を計算したものです。メジャーの計算結果が「（空白）」と表示されるので、「どうなってる？　間違った？」と思うかもしれませんが、この「前月」というメジャーが力を発揮するのは、このテーブルをもとにピボットテーブルやピボットグラフを作成するときです。

　実際にやってみましょう。パワーピボットの「ホーム」タブにある「ピボットテーブル」ボタンのメニューから「ピボットテーブル」を選びます（図14）。作成場所を聞かれるので「新しいワークシート」などと選んでください。

　すると、おなじみのピボットテーブルの作成画面が開きます。上のリストにはテーブル名が一覧表示されていて、「>」をクリックすると展開し、テーブルに含まれる列（フィールド）が表示されます。「fTransaction」テーブルのフィールド一覧を見ると、作成済みの「純売上」と「前月」というメジャーが表示されています。「fx」マークが付いているものがメジャーです。それらを「値」にドラッグし、さらに「予定表」テーブルの「日付の階層」というフィールドを「行」にドラッグしてみてください（図15）。

行ラベル	純売上	前月
⊟2017		
⊞01	8335993	
⊞02	6484266	8335993
⊞03	7882580	6484266
⊞04	7644555	7882580
⊞05	8144868	7644555
⊞06	7567684	8144868
⊞07	7100544	7567684
⊞08	8170317	7100544
⊞09	7466994	8170317
⊞10	8274823	7466994
⊞11	10144386	8274823
⊞12	13775643	10144386
⊞2018	97348068	13775643
総計	198340721	

※ 02行の前月「8335993」欄に「前月の純売上」の注記

図16　「純売上」と「前月」の純売上が月ごとに集計された

　出来上がったピボットテーブルを見ると、行ラベルとして「年」「月」の階層ができていて、それぞれ「純売上」と「前月」の純売上とが集計されています（前ページ図16）。このように、CALCULATE関数というフィルター関数と、PREVIOUSMONTH関数のようなタイムインテリジェンス関数を組み合わせることで、特定の期間のデータ集計が簡単にできるようになります。

　さらに、「前年同月」の純売上も追加してみましょう。それには「SAMEPERIODLASTYEAR」というタイムインテリジェンス関数を使って、新たにメジャーを作成します。144ページ図13と同じパワーピボッ

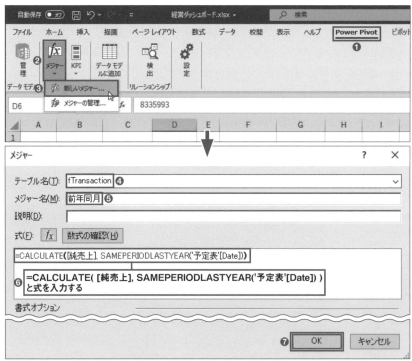

図17　「Power Pivot」タブにある「メジャー」ボタンをクリックし、「新しいメジャー」を選択（❶〜❸）。するとメジャーの編集画面が開くので、「テーブル名」欄で「fTransaction」を選び、「メジャー名」に「前年同月」と入力（❹❺）。「式」欄に図のような式を入力し（❻）、「OK」を押す（❼）

トの画面に戻ってメジャーを作成してもよいですが、ここではExcelの
「Power Pivot」タブにある「メジャー」ボタンから「新しいメジャー」を選
ぶ方法で作成します。メジャーの編集画面が開きますので、「テーブル名」欄
で「fTransaction」を選択。「メジャー名」に「前年同月」と入力し、式は

=CALCULATE([純売上], SAMEPERIODLASTYEAR('予定表'[Date]))

としてください（図17）。

	A	B	C	D	E	F	G
1							
2							
3		行ラベル	純売上	前月	前年同月		
4		⊟2017					
5		⊞01	8335993				
6		⊞02	6484266	8335993			
7		⊞03	7882580	6484266			
8		⊞04	7644555	7882580			
9		⊞05	8144868	7644555			
10		⊞06	7567684	8144868			
11		⊞07	7100544	7567684			
12		⊞08	8170317	7100544			
13		⊞09	7466994	8170317			
14		⊞10	8274823	7466994			
15		⊞11	10144386	8274823			
16		⊞12	13775643	10144386			
17		⊟2018					
18		⊞01	7543665	13775643	8335993		
19		⊞02	6659203	7543665	6484266		
20		⊞03	7018655	6659203	7882580	前年同月の純売上	
21		⊞04	7675296	7018655	7644555		
22		⊞05	7320884	7675296	8144868		
23		⊞06	7275667	7320884	7567684		

図18　ピボットテーブルに、「前年同月」という列が追加され、2018年の各月の行に、2017年
の純売上が集計された

「OK」ボタンを押してピボットテーブルに戻ると、「前年同月」というメジャーが「値」として追加され、2018年の各月の行に、2017年の同月の純売上が集計されます（前ページ図18）。

　ここで注目していただきたいのは、2つのメジャーの計算式（144ページ図13、148ページ図17）はほぼ同じだという点です。違うのは、PREVIOUSMONTH（前月）、SAMEPERIODLASTYEAR（前年同月）というタイムインテリジェンス関数だけです。この関数部分を変えるだけでさまざまな計算を行えるようになる、というのがDAXの便利なところです。

「CALCULATE」は「フィルター関数」

　タイムインテリジェンス関数を使った数式の中で、「CALUCULATE」関

	販売個数	割引率	定価	純売上高	定価×販売個数	列の追加
1	2	0	259.5	519	519	
2	2	0	259.5	519	519	
3	2	0	259.5	519	519	
4	2	0	259.5	519	519	
5	2	0	259.5	519	519	
6	2	0	259.5	519	519	
7	2	0	259.5	519	519	

前月:=CALCULATE([純売上], PREVIOUSMONTH('予定表'[Date]))

図19　タイムインテリジェンス関数を使って「前月の純売上」を求めたメジャー

純売上:=SUM('fTransaction'[純売上高])

	販売個数	割引率	定価	純売上高	定価×販売個数	列の追加
1	2	0	259.5	519	519	
2	2	0	259.5	519	519	
3	2	0	259.5	519	519	
4	2	0	259.5	519	519	
5	2	0	259.5	519	519	
6	2	0	259.5	519	519	
7	2	0	259.5	519	519	

図20　「純売上」というメジャーの中身

数というDAX関数が登場しました。筆者がモダンExcelを知り、DAXを勉強して最初につまずいたのが、このCALCULATE関数です。「CALCULATEだから、計算するんでしょ」と、最初のうちはとにかく「計算するんだから、CALCULATE…」と思ってメジャーを書こうとしていたのですが、これは "モダンExcel初心者あるある" だと思います。

　実は、CALCULATE関数は、単に計算するという意味にとどまらない、非常に強力な「フィルター関数」なのです。そのDAX構文は次の通りです。

CALCULATE(<expression>[, <filter1> [, <filter2> [, …]]])

　第1引数の「<expression>」は、数式とか計算式という意味です。ここでは、前項で作成した「前月」という名前のメジャーを例に、CALCULATE関数の働きを解説しましょう。図19をご覧ください。この数式では、第1引数に「[純売上]」というメジャーを指定しています。その「純売上」は、図20のように定義されています。

　つまり図20の数式は、Excelで見慣れたSUMによく似たDAX関数を用い、「『fTransaction』というテーブルにある『純売上高』列を合計する」という意味になります。

　Excelに慣れた人は「セル」で考えがちですが、モダンExcelでは「列」で考える必要があることに留意してください。SUM関数で合計を求める際も「列」を対象に計算することになります。その「列」には、いろいろな「列」があるので、場所を明らかにする必要があります。違うテーブルに同じ名前の「列」があることもあります。そこで「テーブル」を特定してあげる必要があるわけです。従って、図20のように「○○テーブルの△△列」というように表記する方式が、DAXで計算式を記述する際の基本形になります。

　こうして定義した「純売上」というメジャーを、CALCULATE関数で再

利用しているのが150ページ図19の「前月」というメジャーです。

= CALCULATE([純売上], PREVIOUSMONTH('予定表'[Date]))

という数式では、CALCULATE関数の第1引数で「純売上」というメジャー
を指定し、第2引数で「PREVIOUSMONTH('予定表'[Date])」というフィ

ワンポイント

メジャーと計算列、入力時の注意

メジャー名と計算列名には全角文字が使えます。もちろん日本語も使えます。
しかし、DAX式の関数や数字などは、半角英数文字にする必要があります。

間違いやすいのは、テーブル名を入力するとき。'テーブル名' のように「'」(シ
ングルクォーテーション、単一引用符)で挟む方法がありますが、この「'」を全
角で入力してしまい、「DAX式を入力したのですが、うまくいきません」という
"DAXあるある"が最初のうちは頻発します。式の入力中に半角で「'」と入力す
れば、インテリセンス(入力支援機能)により、すべてのテーブル名と列名がリ
スト表示されるので、そこから選ぶと簡単、確実です(図A)。

また列名を入力するには [列名] のように半角の角かっこ(ブラケット)でく
くります。こちらも全角だと正しく動かなくなる"DAXあるある"です。

図A 数式の入力時、半角で「'」と入力するとインテリセンス機能が働き、テーブル名とそれに続く列名がリスト表示され、選択して入力できる

ルターをかけています。「予定表」というのは「カレンダーテーブル」でした。つまり、カレンダーテーブルである「予定表」というテーブルの「Date」列で、PREVIOUSMONTH（前月）というフィルターをかけているのです。その結果として、「前月」というメジャーは「『純売上』というメジャーで、『前月』分の計算をする」という意味になります。

この式のPREVIOUSMONTH関数をSAMEPERIODLASTYEAR関数に変えれば、「『純売上』というメジャーで、『前年同月』分の計算をする」ということになります。

このように、CALCULATEというフィルター関数を使うことで、今回の事例の場合「純売上」というメジャーの切り口を、PREVIOUSMONTH（前月）にしたり、SAMEPERIODLASTYEAR（前年同月）にしたりできることになります。違った時期・時間（タイム）で、機転を利かすこと（インテリジェンス）ができるようになるわけです。

非表示を上手に使い、計算ミスを防止する

DAXの基本を押さえたところで、データ分析のミスを防ぐためのコツをまとめておきたいと思います。

パワーピボットの大きな特徴の一つが「リレーションシップ」にあります。さまざまなデータを関連付けることで、これまでにない複雑なデータ分析を可能としてくれ、新たな洞察を与えてくれるようになります。

そして、パワーピボットのもう一つの大きな特徴が「DAX」にあります。データ分析式であるDAXを使えば、さまざまな計算結果をはじき出すことができます。

これらを使うときに注意したいのが、データが複雑に絡み合って訳が分からない状態となり、データ分析の結果が意図せざるものになってしまうこと

です。そうと知らずに間違った分析結果を参考にして、経営判断を誤る恐れ
すらあります。そのようなことがないように、パワーピボットを使っている
最中から、データを分かりやすい状態に整理しておく必要があります。

　意図せざるデータ分析の結果を避けるには、次のような点を心掛けるとよ
いでしょう。

---

① DAXの基本的な知識を身に付ける

② DAXはなるべく短文で分かりやすい記述にする

③ DAXのコメント機能を使い、誰が見ても分かるようにする

④ 計算過程のみで使う計算列は、非表示にする

⑤ ピボットテーブルの計算で使うメジャーだけを表示する

⑥ ダイアグラムビュー上で、ひと目で分かる程度のリレーションシップにする

⑦ 一部の数式だけでよいので、必ず計算結果の検算をする

---

　①は文言の通りです。当たり前のことですが、基本的な知識は必要です。
そのレベルは、取りあえず本書程度の知識で十分でしょう。

　②は、プログラムの可読性という、Excel関数式やVBAのコードにも共

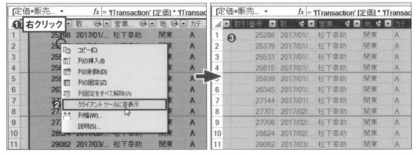

図21　列を選択して右クリックし（❶）、「クライアントツールに非表示」を選ぶと（❷）、その列が
グレーアウトして「非表示」の扱いになる（❸）

通することです。上級者の中には複雑で高度な数式やプログラムを一気に記述する方がいますが、何をやっているのかひと目で分からないような数式やコードは、ほかの人が手を加えたり引き継いだりできなくなり、業務に差し障ることもあるので、やめてほしいと思います。これは内部統制評価におけるIT監査での経験談でもあり、老婆心ながら申し上げます。

　③は、②にも関連することです。DAXにもコメント機能がありますので、ちょっと複雑な数式を使うようになったら、コメントを書き込むようにしてください。引き継ぎのできないプログラムは害悪でしかありません。実際にこれで苦労した金融機関を知っています。

　④からは少し説明が必要でしょう。DAXを使って計算する際、同じようなデータの項目名がピボットテーブルに存在することになります。例えば、ファクトテーブルとディメンションテーブルでリレーションシップを取れば、それぞれのテーブルに「アイテム」「カテゴリー」などのデータ列が存在することになります。日付に関しては、「取引日」のほかにも「受注日」「出荷日」「納品日」など多様な日付データ列が混在することもあります。しかし、本来使うべきなのはディメンションテーブルにあるデータ列です。従って、それ以外のデータ列は見せないようにするとよいでしょう（図21、図22）。

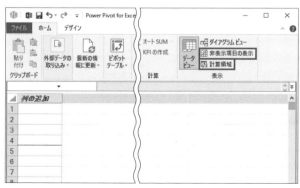

図22　「非表示項目の表示」ボタンと「計算領域」ボタンをクリックしてオフ（押し込んでいない状態）にすると、非表示の設定によりグレーアウトしていた列が完全に消え、画面下の計算領域も非表示になる

　本書で解説に使用している「経営ダッシュボード.xlsx」でいえば、「fTransaction」テーブルはパワーピボットに読み込んだ後、すべての列を非表示にします[注2]。なぜなら、メジャーを作成していますし、ほかのディメンションテーブルがあるからです。列を非表示にする機能は、複雑なデータモデルの場合に意外と重宝します。

　⑤のメジャーも、計算の途中で作る必要のあったメジャー（これを「中間メジャー」と呼びます）は、ピボットテーブルに表示する必要がありません。こうしたメジャーも、非表示にした列と同様、右クリックメニューから「クライアントツールに非表示」を選ぶことで、非表示（グレーアウト）にすることができます。

　⑥のダイアグラムビューについても、趣旨は④⑤と同じです。「ホーム」タブの「表示」グループにある「非表示項目の表示」ボタンのオン／オフで、非表示項目をグレーアウトさせるか、完全に非表示にするかを切り替えるこ

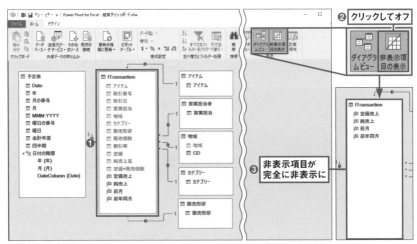

図23　ダイアグラムビューの状態でも、非表示の設定にした項目はグレーアウトしている（❶）。この状態で「ホーム」タブにある「非表示項目の表示」ボタンをクリックしてオフ（押されていない状態）にすると（❷）、項目が完全に非表示になる（❸）

[注2] 136ページ図5以降では、計算列とメジャーの基本を解説するために、関係する列を表示した状態にしていた。データモデルが正しければ、「アイテム」などの「ディメンションテーブル」を作ることで、「fTransacrion」という「ファクトテーブル」はメジャーだけ表示させることになる

とができます（図23）。

　ダイアグラムビューの見た目について付け加えると、ひと目見ただけでリレーションシップが分かるように、それぞれのボックス（テーブル）をドラッグして移動し、分かりやすくボックスを配置することが大切だと思います。その際は本章PART3で述べたように、データモデリングの基本形である「スタースキーマ」という星形の表を意識しながら配置するとよいでしょう。

　⑦の検算も忘れずに行ってください。

ピボットテーブルで、DAXの基本を理解する

　DAXについてさらに理解を深めるために、ピボットテーブルがどのようにデータを集計しているかを見てみましょう。

　図24は、「フィルター」に「アイテム」テーブルの「アイテム」列、「行」に

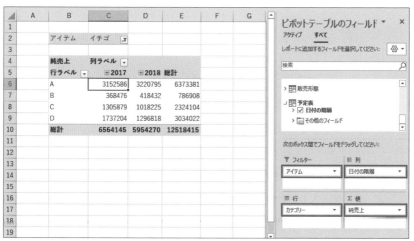

図24　「フィルター」に「アイテム」テーブルの「アイテム」列、「行」に「カテゴリー」テーブルの「カテゴリー」列、「列」に「予定表」テーブルの「日付の階層」、「値」に「fTransaction」テーブルの「純売上」メジャーを配置し作成したピボットテーブル。アイテムを「イチゴ」に絞り込んでいる

「カテゴリー」テーブルの「カテゴリー」列、「列」に「予定表」テーブルの「日付の階層」、「値」に「fTransaction」テーブルの「純売上」メジャーを配置したものです。アイテムを「イチゴ」に絞り込むと、2017年のカテゴリー「A」の純売上は「3152586」円になります。

　このピボットテーブルによる集計自体、難しいことはないと思います。画面右側の「ピボットテーブルのフィールド」ウインドウで、上にある列（フィールド）の一覧から必要なものをドラッグして、下の4つのボックス（フィルター、行、列、値）にドロップすればよいだけです。

　ただし、パワーピボットでは、注意すべきことがあります。それが、先ほど説明した「非表示にする」ということと関わってきます。

　通常のピボットテーブルであれば、シート上にある「表」または「テーブル」のうち、いずれか1つだけを対象にして集計・分析することになります。これに対してパワーピボットは、複数のテーブルを読み込み、データモデルを対象に集計・分析します。そのため、例えば"日付"に関するデータが、複数のテーブルに存在するケースも少なくありません。本書の例では「fTransaction」という「純売上」の列を含む「ファクトテーブル」に含まれる一方、このファクトテーブルをもとに「予定表」機能で作成した「カレンダーテーブル」にも、それぞれ日付に関する項目が含まれます。

　そもそも、なぜ「カレンダーテーブル」を作成したかといえば、DAXの特徴的な機能の一つである「タイムインテリジェンス関数」を使うためです。ピボットテーブル作成に使う日付フィールドには、ファクトテーブルの「fTransaction」にある日付列ではなく、タイムインテリジェンス関数を使うことができるようになるカレンダーテーブルの日付列（ここでは「日付の階層」）を選ぶ必要があります。

　同じ理由から、「アイテム」や「カテゴリー」の列を指定する際も、「ディメンションテーブル」である「アイテム」テーブルや「カテゴリー」テーブルの

列を指定する必要があります。

そのため、パワーピボットで間違いなく計算するには、パワーピボット上で「クライアントツールに非表示」を選択して、不要な項目はすべて非表示にすべきです。これは先ほど解説した通りです。

ところで、ピボットテーブルはどのように値を集計しているのでしょうか。例えば「イチゴ」の「2017」年のカテゴリー「A」の「純売上」は前述の通り「3152586」円ですが、この純売上は3つの「フィルター」を使って計算されています。すなわち、

'アイテム'[アイテム] = "イチゴ"

'予定表'[年] = 2017

'カテゴリー'[カテゴリー] = "A"

という3つの「フィルター」です。それぞれ、「アイテム」テーブルの「アイテム」列で「イチゴ」を抽出、「予定表」テーブルの「年」列で「2017」を抽出、

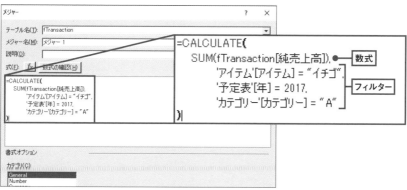

図25 「アイテム」テーブルの「アイテム」列で「イチゴ」のみ、「予定表」テーブルの「年」列で「2017」のみ、「カテゴリー」テーブルの「カテゴリー」列で「A」のみを対象にフィルター（抽出）して、「fTransaction」テーブルの「純売上高」列を合計するメジャー

「カテゴリー」テーブルの「カテゴリー」列で「A」を抽出、という意味を持ちます。

　150〜153ページで説明したように、「フィルター関数」であるCALCULATE関数を使ってメジャーを書けば、こうした計算が可能になります。前ページ図25がそのメジャーです。このメジャーをピボットテーブルの「値」に指定すると、図26のように結果が表示されます。先ほどのピボットテーブルの結果（C6セル）と一致していることが分かります。

　このようにCALCULATE関数のフィルター部分をいろいろ変えることで、さまざまな計算ができるわけです。これがCALCULATEというDAX関数を使うことによるメジャーの効果です。

図26　B12セルの位置に新しくピボットテーブルを作成し、図25で作成した「メジャー 1」を「値」に指定して集計した。C6セルの結果と一致していることが分かる

ワンポイント

DAX攻略のカギとなる、2つのコンテキスト

　DAXの理解には、「コンテキスト」という概念を心に留めておく必要があります。コンテキスト（context）とは「文脈」という意味ですが、ITの世界ではプログラムが実行される状況によって違った「動作」をすることを指します。

　例えば、「売上高」という項目を「地域」や「年」、「カテゴリー」ごとに合計する場合、これらを切り口（ディメンション）として、目的に応じて見せ方を変化させるツールがピボットテーブルです。つまり、同一データに対し、目的に応じて異なる計算結果をピボットテーブル上に算出する状況が「コンテキスト」だと思えばよいでしょう。

　そもそもDAXは、パワーピボットで使う数式であり、関数です。その原型のピボットテーブルは、列データを対象に、ピボットテーブルの要素である「行」や「フィルター」という切り口を変えながら、目的に沿ってデータを集計・分析し、結果をピボットテーブルに表示しているわけです。例えば、「イチゴ」における「2017」年の「純売上」を、カテゴリー「A」に絞って計算する、という具合です。

　つまり、DAXには大別して2つのコンテキストがあることになります。それが、「行コンテキスト」と「フィルターコンテキスト」です。ごく簡単に説明すると、「行コンテキスト」は現在の行のことを指し、「フィルターコンテキスト」は行コンテキストに追加して適用するフィルターのことをいいます。これは、159ページ図25の「数式」と「フィルター」の関係に相当します。

パスコード❶ CaM2

PART 5 「経営ダッシュボード」に必要な作業を確認する

「パワーピボット」について学んできた第2章のまとめとして、本書で作成する「経営ダッシュボード」に必要なパワーピボットでの作業を総括しておきます。

まず、販売記録などの取引データを「ETL（抽出・変換・読み込み）」の作業を通じて取得します。ETLには「パワークエリ」を利用しますが、その操作手順は第1章で解説しました。そのデータをもとに、リレーションシップによりデータモデルを構築。データモデルに追加されたテーブルを対象に、パワーピボットで可視化することになります。なお、可視化する際は、「スライサー」「タイムライン」「リンクされた図」といった機能も利用します（第3章で解説）。

データ分析には時系列データを扱うための「カレンダーテーブル」が必要

図1　作成済みのメジャーを確認、編集するには、「Power Pivot」タブにある「メジャー」ボタンをクリックし、「メジャーの管理」を選ぶ（❶～❸）

になります。これは「ファクトテーブル」(fTransaction) から「予定表」というカレンダーテーブルを作成します。ここには、会計年度と四半期を表示する「計算列」を作ると便利です（118ページ参照）。ファクトテーブルとカレンダーテーブルのほか、パワークエリを使って作成した「アイテム」などのディメンションテーブルは、パワーピボットのリレーションシップでひも付け、「スタースキーマ」という"星形の表"にするのが基本です（122ページ参照）。

　パワーピボットを活用する最大のポイントは、「DAX（Data Analysis eXpressions）」にあります。本章では基本的なDAXを用いて、データ分析に必要な数式である「メジャー」を作成しました。解説用のものを含め、いくつかメジャーを作成しましたが、「経営ダッシュボード」を作成するために第3章でも引き続き使うメジャーは「純売上」「前年同月」「定価売上」の3つです。メジャーはパワーピボットの画面でも確認できますが、「Power Pivot」タブにある「メジャー」ボタンをクリックし、「メジャーの管理」を選ぶことで、一覧表示できます（図1、図2）。この画面では、メジャーの追加、編集、削除ができますので、練習用に作成した不要なメジャーは、削除して

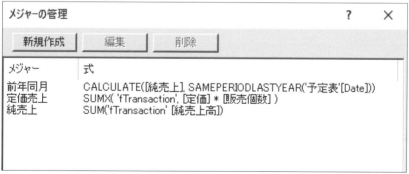

図2　第3章で引き続き利用するメジャーは図の3つ。そのほかの練習用に作成したメジャーは、選択して「削除」ボタンをクリックし、削除して構わない

も構いません。

　次の第3章では、図2の3つのメジャーが作成済みの状態から話を進め、適宜、必要なメジャーを追加・修正していくことにします。ピボットテーブルとピボットグラフを最大限に活用し、"数字"に語らせる「経営ダッシュボード」を作っていきます。

ワンポイント

モダンExcelで知っておくと役立つプログラミング用語

　パワーピボットをフル活用するには、DAXがポイントとなります。DAXに関する解説情報は、日本語ではまだ十分とはいえず、小難しいプログラミング用語も散見されるため、いざ勉強しようとするとハードルの高さを感じる方も多いはずです。非IT系の人にとってはなおさらでしょう。

　そこで、これだけは知っておいたほうがよいというプログラミング用語を2つご紹介します。

　DAXを学習すると目にすることが多くなる用語の一つに「スカラー値」があります（図A）。これはExcelでいう「セル」のイメージです。リストやレコードや配列のことを「非スカラー値」と呼びます。

　また、「ブール値」「ブール式」という言葉も目にする機会が多くなります。この「ブール」とは「真偽」のことです。DAXでは、真（True）＝「1」、偽（False）＝「0」と計算します。

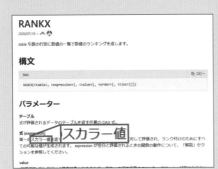

図A　マイクロソフト公式の「DAXリファレンス」のサイト（https://docs.microsoft.com/ja-jp/dax/）。DAXの関数や構文に関する情報があるが、難しい専門用語も少なくない

第3章 経営ダッシュボードで、見える化する

映える「経営ダッシュ
ボード」は、こう作る

Modern **Excel**

　"数字"に語らせる。これは経営管理の大命題です。無味乾燥な単なる数字では真意を伝えきれません。数字には説得力があるので、独り歩きしないよう注意も必要です。

　「数字をコミュニケーションツールにする」ことで上手に経営管理をするには、"3つの目"を意識することがポイントです。「鳥の目」で概観し、特異点があれば「虫の目」で詳細に見つめる——こうした鳥の目・虫の目を持つために、流れを読む「魚の目」も必要になります。

　そこで威力を発揮するのが、「経営ダッシュボード」です。データを可視化＝見える化することで、データの真意を伝えやすくなり、新たな洞察を得ることが可能となります。数字の真意を分かりやすく伝えるには、色や形にもこだわる必要があります。

　こうした経営ダッシュボードの作成に、モダンExcelは大いに役立ちます。本章では「数字をコミュニケーションツールにする」ことをテーマに据えて、モダンExcelによる経営ダッシュボードの作成方法やその留意点などを解説します。実務経験を踏まえた、グラフの使い方やKPI（Key Performance Indicator、主要業績評価指標）の考え方、経営者・幹部が必要とするレポートの作り方などにも触れながら、映える「経営ダッシュボード」作りのポイントを説明します。

"数字"に語らせる

　売上高や営業利益率など重要と思われるいくつかの経営指標を、グラフな

どで可視化し、意思決定に役立てる経営管理ツールのことを「経営ダッシュボード」と呼びます（図1）。モダンExcelは、こうした経営ダッシュボードを作成するのに最適なツールといえるでしょう。

第1章で紹介したように、「パワークエリ」を使えば、「ETL（抽出・変換・読み込み）」によってデータクレンジングが可能となります。「フォルダー接続」をすれば、ファイルの追加・削除によるデータ更新も自動化できて便利です。さらに第2章で解説したように、「パワーピボット」を使えば、関連するテーブル同士を簡単に「リレーションシップ」でつなぐことができ、新たな視点でデータを見ることができるようになります。そして、「DAX（Data Analysis eXpressions）」というデータ分析式を使うことで、目的に沿ったデータ分析が自在となり、しかも、クリックするだけで即座にデータの更新が可能となります。

モダンExcelを使えば、データ作成・更新の手間を大幅に削減でき、最新

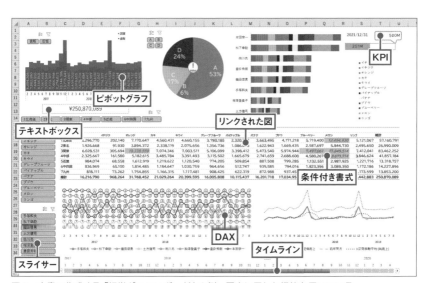

図1　本書で作成する「経営ダッシュボード」の例。図中に示した機能を用いている

データに基づく意思決定に、より多くの時間を割けるなど、従来のExcelにはないさまざまなメリットを享受できると期待できます。

前章までに説明したもの以外にも、Excelには実用的な機能がたくさんあります。例えばフィルター機能の「スライサー」と「タイムライン」は、データを連動させて絞り込むのに便利な機能です。以前からExcelが備える「条件付き書式」を使えば、売上高トップ5などを明示できるようになります。これらは、経営ダッシュボード作成の必須アイテムです。従って、本書でも後ほど解説します。

なお、経営ダッシュボードのようなレポートを作成する際、次のような点に留意するとよいでしょう。

●読者の明確化…誰が、そのデータを使うのか？
●内容の明確化…何を、そのデータから知りたいのか？
●対象の明確化…どのデータを、どのように生かすのか？

そもそも、経営ダッシュボードのようなレポートを作成する意義は、無味乾燥な数字では分かりづらいので、データを可視化し、分かりやすく"数字"に語らせることにあります。その本質は「数字というデータから、誰かが、何かを判断し、どう次の一手を繰り出すか」というところにあります。つまり、最低でもこれら3つの基準に合致しないレポートは、そもそも作る意義がありません。

こうした点も意識して経営ダッシュボードを作成するよう、心がけましょう。

経営ダッシュボードを導入する企業が増えている

経営ダッシュボードは、経営に必要な数字を1カ所にまとめて見やすくす

る仕組みです。日本経済新聞朝刊の株式面にある「決算ダッシュボード」のようなものだといえばイメージしてもらえるかもしれません。

経営ダッシュボードの導入事例をいくつかご紹介すると、海外では、PDFの開発で有名なAdobe、高級外車のイメージがありますが航空機分野でも名をはせるロールスロイスなどが導入しています。国内では、あの"カップヌードル"の日清食品ホールディングス、スポーツ用品製造販売のミズノなどの導入事例が知られています。

なかでも、日本でいち早く経営ダッシュボードという考えを導入したのが、"じゃがりこ"で有名なカルビーです。カルビーではもともと「コックピット経営」という考え方を導入していました。飛行機の操縦席のことをコックピットといいますが、各種メーターが所狭しと配置されている、あれです。

しかし、コックピット経営の提唱者、当時のカルビーの社長は気付いてしまいます。

「メーターが多すぎて、分かりづらい……」

主要（重要）業績評価指標と訳される「KPI」を開発したキャプランとノートンによれば[注]、人間が瞬時に把握できるKPIはせいぜい20〜25個。あれもこれも、というわけにはいかないのです。

そこで、経営に必要な数字だけを１カ所にまとめて、しかも最大でも20個程度の数字にとどめた経営ダッシュボードという経営管理の考え方が登場します。経営実態を分かりやすく把握できることから、次第に浸透し、現在に至っています。

この経営ダッシュボードは、何も大企業だけのものではありません。中堅・中小企業や自治体、病院や公共機関などでも幅広く導入されつつある経営管理ツールです。冒頭でも申し上げましたように、ワークマンという会社は、Excelを活用した経営で業績を飛躍的に伸ばしています。裏を返せば、手元にExcelさえあれば、比較的規模の小さな組織でもデータを生かし経営的に

[注]「キャプランとノートンの戦略バランスト・スコアカード」（東洋経済新報社、ロバート・S・キャプラン、デビット・P・ノートン著、櫻井通晴監訳）

成功するチャンスがあるというわけです。これは大きな励みになります。

　しかも、モダンExcelによる経営ダッシュボードを使いこなせば、これまでにない新たな洞察を得られ、飛躍のきっかけを得ることが期待できます。

　なお、経営ダッシュボードの作成に際し、以下のようなことを考慮するとよいでしょう。

- ●各グラフの連動／非連動…全体を見るグラフの場合は非連動とする。
  グラフを連動させる場合は「スライサー」や「タイムライン」を活用する
- ●主要KPIの表示…KPIは最大25個程度までとする
- ●注目すべき内容の明示…ピボットテーブル内で「条件付き書式」を活用する
- ●1枚に収める…詳細レベルのデータなどは別シートにする

留意すべき3つのポイントと、最適なグラフの選択

　単なる数字やデータでは真意を伝えられません。データを可視化＝見える

1　色
- ●プラス／マイナス、メリット／デメリットなど、色の持つイメージを活用する
- ●注目すべきデータだけに色を付けるなど工夫を凝らす
- ●分かりづらい"多色使い"には注意する

2　グラフの種類
- ●グラフにはそれぞれ得意／不得意なデータ表現の領域がある
- ●データの真意を分かりやすく伝える最適なグラフを選択する

3　データの形式
- ●数字のまま見せるか、グラフ化するか、アイコンを使うか
- ●単位（金額なら円、千円、百万円など。期間なら年、四半期、半期、月など）

図2　データを可視化（見える化）する際の3つのポイント

化するには、図2の3つのポイントに留意する必要があります。

　ここでは、**2**のグラフの種類について補足します。グラフを使うと、データの意味を分かりやすく伝達でき、直感的に把握しやすくなるのはご存じの通りです。本書で作成する経営ダッシュボードでも、多彩なグラフを活用しています。

　ただ、やみくもにグラフ化すればよいというものではありません。そもそも、グラフごとに得意／不得意なデータ表現の領域があるのです。データの真意を分かりやすく伝えるには、表現したいデータ内容に応じた"最適なグラフ"を選択する必要があります。そのデータ内容は主に4つに区分することができます（次ページ図3）。

　このうち「円グラフ」は便利なのでよく見かけますが、上手に使わないといけません。そもそも円グラフは、構成割合を比較して扇形で示すツールです。明らかな差を持ったデータであれば円グラフをそのまま使うこともできますが、微妙な差の場合、円グラフだけで表示することはお勧めできません。データラベル（データの分類名やパーセンテージなど）を円グラフとともに表示する工夫なども検討する必要があります。

　微妙な差を表現するのであれば、円グラフよりもむしろ棒グラフのほうが適することもあります。ただし、本書の経営ダッシュボードのように、縦棒グラフ、横棒グラフともに使用済みで、棒グラフが多くなってしまうような場合には円グラフの選択もありです。

　Excelには3Dグラフなどもありますが、「デザイン性は高いが、見づらい」という批判もあります。見やすさ、分かりやすさを考慮すれば、ビジネスでは使わないほうが無難です。

　このように、読者目線に立ったグラフ作りを心がけてほしいと思います。

　経営ダッシュボードというレポートは、自分だけが見るものではありません。部内で共有したり、経営層や幹部などに提出したりと、幅広く見てもら

うツールです。経営ダッシュボードの読者の中には年配の方もいます。レポートの読者目線を意識し、フォントや文字サイズ、グラフの色使いや線の種類など、見やすさにも気を配る必要があるのです。

　よく勘違いされていることの一つに、グラフの色使いがあります。グラフの色は、単なる飾りではありません。データの理解を助けるために使うべき

1 「推移」を表現したい場合
折れ線グラフ　　面グラフ

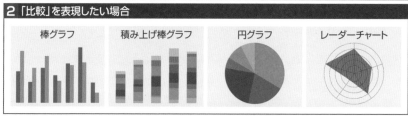

2 「比較」を表現したい場合
棒グラフ　　積み上げ棒グラフ　　円グラフ　　レーダーチャート

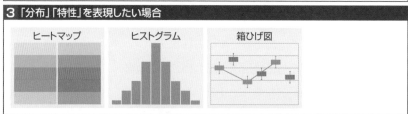

3 「分布」「特性」を表現したい場合
ヒートマップ　　ヒストグラム　　箱ひげ図

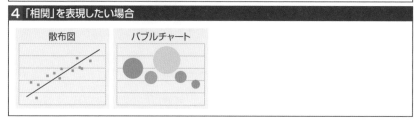

4 「相関」を表現したい場合
散布図　　バブルチャート

図3　データの真意を分かりやすく伝えるには、内容に沿った最適なグラフを選ぶ必要がある

ものです。データの分かりやすさ、数字の理解を助けることを第一に考えるべきです。

　余計なグラフの軸や罫線は極力省き、色やタイトルなどにもこだわり、グラフの見やすさを追求すると、映える経営ダッシュボードになり、数字の真意を伝えやすくなります。

背景も工夫し、より"映える"ダッシュボードに

　経営ダッシュボードは数字をグラフなどで分かりやすく表現するツールです。そこで、グラフなどを邪魔しないよう、背景は真っ白にして、セルのマ

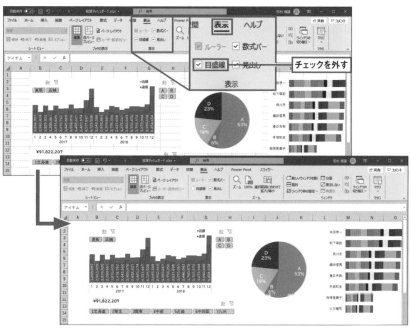

図4 「表示」タブにある「目盛線」のチェックを外すと、セルの枠線が消えて背景を真っ白にでき、スッキリと見やすくなる

ス目を形作る枠線も消してしまうのがお勧めです（前ページ図4）。セルの枠線を消すには、「表示」タブの「表示」グループにある「目盛線」のチェックボックスをオフにします。これだけで、経営ダッシュボードをスッキリとした印象にして、見やすくすることができます。

図5　「ページレイアウト」タブにある「背景」ボタンをクリックし（❶❷）、開く画面で「ファイルから」などを選択して画像ファイルを選ぶ（❸）

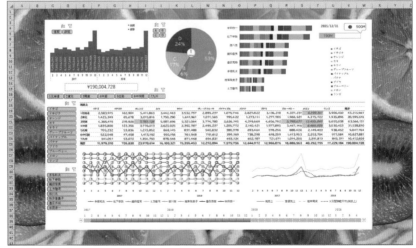

図6　果物の写真を背景に挿入した例。ダッシュボードの部分はセルを白く塗りつぶすことで写真が透けて見えないようにして、周囲だけを額縁のように飾ってみた

　一方、金融機関や取引先へのプレゼンテーションなどでは、より見栄えを良くしたいこともあるでしょう。そのような場合は、ワークシートの「背景」に写真などを挿入するのも手です。会社のイメージカラーをあしらった画像や、商品を並べてデザインした写真などを入れると、経営ダッシュボードがより映えます。

　具体的には、「ページレイアウト」タブの「ページ設定」グループにある「背景」をクリックします。開いた「画像の挿入」画面で写真や画像を選択すればOKです（図5、図6）。

　ただし、やりすぎには要注意です。写真を入れることでグラフよりも飾りのほうが目立ってしまうのは本末転倒です。ダッシュボードの見やすさを損ねてしまうことは避けてください。

　ちなみに、この背景は印刷されないので、紙の資料に出力するときは白い背景でスッキリと見せることができます。

「コメント」機能を活用して内容を明示する

　これまで見てきたように、モダンExcelは自動化ツールとして大いに活用できます。パワーピボットで一度作成した「DAX」は使い回せますし、パワークエリで「フォルダー接続」すればデータの自動更新が簡単にできるなど、モダンExcelを使うことで、かなりの作業を省力化できるようになります。ちなみに、モダンExcelの延長線上には、最近注目されている「RPA（Robotic Process Automation）」があります。本書で作る「経営ダッシュボード」は、このRPAの原始的な仕組みを活用した工夫ともいえるものです。

　一方で、RPAに代表される自動化の仕組みが、"野良犬化"することが問題視されています。各人が勝手に作ったプログラムやシステムが、組織に管理されることなく勝手に業務フローに組み込まれ、弊害をもたらすケースが

あるのです。それらは「野良ロボット」あるいは「野良bot」などと呼ばれて揶揄されています。同じことはVBAでも以前から指摘されてきましたが、自動化という共通項を持つモダンExcelでも起こり得る話です。

これは内部統制上、とても危険なことです。自動化されたシステムは、いったん動き出すと誰も検証しないままとなることが往々にしてあります。誤った計算の流れになっていても誰も知ろうとしません。結果として誤謬が発生し、不正調査のための第三者委員会が立ち上がってしまった事例もあります。

ある1人の人物がモダンExcelを用いてシステムを構築し、その人だけが計算やデータ処理の流れを知っている状態というのは、内部統制的に問題があることは容易に想像できるでしょう。仮にその人物が不正な行為をしても、誰も気付くことができません。不正がなくても、その人が退職などでいなくなり、その人だけが知っている自動化の仕組みで計算ミスや不具合が起きれば、誰も検証・修正できないというリスクにさらされることになります。

こした野良ロボットがはびこらないようにするには、どうすればよいでしょうか。内部統制的に考えれば、その退治の秘訣は2つです。

① 本格稼働する前に組織による「承認」を経る
② 第三者が検証できるように「コメント」機能を活用する

第一に、本格稼働させる前に「承認」の過程を経ることが大切です。その

2種類のコメント方法	
シングルラインコメント	コメントの始まりに「//」(半角スラッシュ2個)を入力し、1行ずつコメントを入れる
マルチラインコメント	コメントの始まりに「/*」(半角スラッシュと半角アスタリスク)、終わりに「*/」を入力し、複数行にコメントを入れる

図7　モダンExcelに共通するコメントの入力方法には2種類ある。なお、パワーピボットでは「--」(半角ハイフン2個)でシングルラインコメントを入力できる

内容に問題がないことをしっかり検証・確認しなければなりません。そして、検証をスムーズに行うためには、第三者が見ても分かるように、自動化の内容を明示しておく必要があります。その際に役立つのが、モダンExcelに備わる「コメント」機能です。これが第二のポイントとなります。

　パワークエリ、パワーピボットともに、2種類のコメント方法があります（図7）。パワークエリでは、「適用したステップ」や「詳細エディター」で「シングルラインコメント」を入力・表示することが可能で、加えて数式バー内で「マルチラインコメント」の入力・表示が可能です。

　コメントの作成場所は、それぞれ2カ所あります。パワークエリの場合、「詳細エディター」内で入力できる（図8）ほか、「適用したステップ」欄で各ステッ

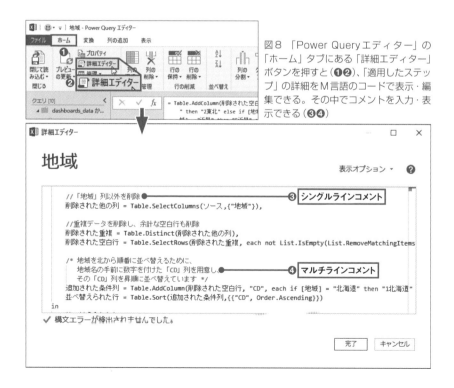

図8　「Power Queryエディター」の「ホーム」タブにある「詳細エディター」ボタンを押すと（❶❷）、「適用したステップ」の詳細をM言語のコードで表示・編集できる。その中でコメントを入力・表示できる（❸❹）

プを右クリックして「プロパティ」を選ぶと、開く画面の「説明」欄で入力できます。どちらから入力しても同じコメントとして反映され、コメントのあるステップには、「適用したステップ」欄に「①」印が付きます。この印にマウスポインターを合わせると、コメントがポップアップします（図9）。

　一方、パワーピボットの場合は、数式バーまたは「メジャーの管理」から開くメジャーの編集画面でコメントを入力・表示できます（図10、図11）。その際、コメントは、数式の間に入れる必要がある点に留意してください。例えば、「=SUM([column1])」という数式にコメントしたいのであれば、「=」から「)」までの間にコメントを入力する必要があります。「=」の前や、「)」の後ろ、関数名や列項目名などの途中には、コメントを入れることができません。また入力時、スペース（空白）を入れて字下げすることもできますが、全角スペースを入れると数式がエラーとなります。必ず「Tab」か半角スペースを利用してください。

　このようにコメントをしっかり付けておくと、ほかの人が見るときに分かりやすいだけでなく、自分が後から見直すときにも便利です。自分で作った

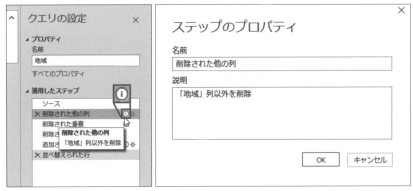

図9　ステップにコメントがあると、「適用したステップ」欄に「①」マークが付く。マウスポインターを合わせるとコメントがポップアップする（左）。ステップ名を右クリックして「プロパティ」を選んでも、開く画面でコメントを確認・編集できる（右）

システムでも、半年後、1年後には「一体どんな計算をしていたのか……」
と思い出せなくなることはよくあります。ほかの人のためだけでなく、自分
のためにも、適宜コメントを付けることをお勧めします。

図10 「Power Pivot」
タブにある「メジャー」ボ
タンをクリックし、「メ
ジャーの管理」を選択。
開く画面で「新規作成」ま
たは「編集」を選ぶと、こ
の画面が開いてメジャー
を編集できる。シングル
ラインコメント、マルチ
ラインコメント、どちら
も入力できる

図11　パワーピボットの数式バーでも、コメントを入力・表示できる。数式を読みやすくするために、
改行したり字下げしたりもできる

PART 2

ピボットグラフを徹底活用する

Modern **Excel**

　モダンExcelによる「経営ダッシュボード」の成否は、以前からある「ピボットテーブル」と「ピボットグラフ」をどれだけ上手に使いこなせるか、という点に尽きるといっても過言ではありません。ここでは、前章までで解説した手順に従って、データをピボットテーブルやピボットグラフで可視化（見える化）する具体的なテクニックを紹介していきます。

ピボットグラフの作成

　まずは、図1のような「積み上げ縦棒」グラフを作成してみます。これは、「純売上」の金額を時系列で表現し、「直販」「店舗」という「販売形態」による分析も可能にするものです。

　データを可視化する際は、必要な情報を過不足なく、できるだけ分かりやすく表現することがポイントになります。背景や目盛線といった不要な装飾

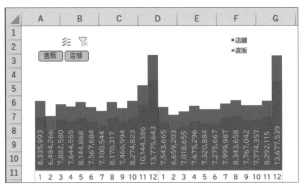

図1 「純売上」の金額を「直販」「店舗」の積み上げ縦棒グラフとして時系列で示した。棒の部分に、具体的な金額を数字で表示させている。また「スライサー」という機能を使い、「直販」または「店舗」に絞った金額の表示も可能にした

を削除することは、分かりやすさの観点から大切な事柄の一つです。さらに
図1では、グラフに「データラベル」を追加して、純売上の金額を数字でも
確認できるようにしています。

　これだけなら従来のグラフ機能でも実現できるかもしれません。しかし図
1では、ピボットグラフならではの「スライサー」という機能を使って、「直販」
あるいは「店舗」だけの数字に切り替えたり、総額の表示に切り替えたりす
ることを、クリックだけでできるようにしています。また総額表示を実現す
るために、ちょっとした裏ワザを活用しています。

　作り方を解説しましょう。第2章までで作成した「経営ダッシュボー
ド.xlsx」を開いたら、「挿入」タブにある「ピボットグラフ」ボタンの上半分
をクリックします。開く画面で、「このブックのデータモデルを使用する」が
選択されていることを確認してください（図2）。これは、第2章までの操作
で作成したデータモデルを基に、ピボットグラフを作成するということです。
作成場所を適宜選択して「OK」を押すと、ピボットグラフの枠が挿入され、
「ピボットグラフのフィールド」ウインドウが開きます。そこで「凡例」に「販

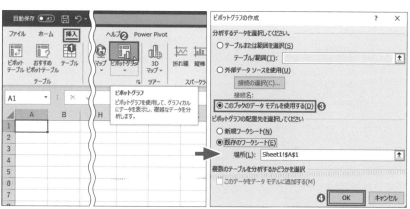

図2　「挿入」タブにある「ピボットグラフ」ボタンの上半分をクリック（❶❷）。開く画面で「このブッ
クのデータモデルを使用する」が選択されていることを確認し（❸）、「OK」を押す（❹）

売形態」テーブルの「販売形態」列、「値」に「fTransaction」テーブルの「純
売上」メジャーを配置してください（図3）。そして「軸」には、「予定表」テー
ブルの「その他のフィールド」にある「年」と「月の番号」を配置します。

　これで、直販と店舗の純売上をそれぞれ時系列で並べた縦棒グラフが出来
上がります。この縦棒グラフを積み上げ縦棒グラフに変えるには、「デザイン」
タブにある「グラフの種類の変更」ボタンをクリックし、「積み上げ縦棒」を
選べばOKです（図4）。

　グラフができたら、右上の「＋」ボタンをクリックして「グラフ要素」のメ
ニューを開き、「目盛線」と「第1縦軸」の表示をオフにしてください（図5）。

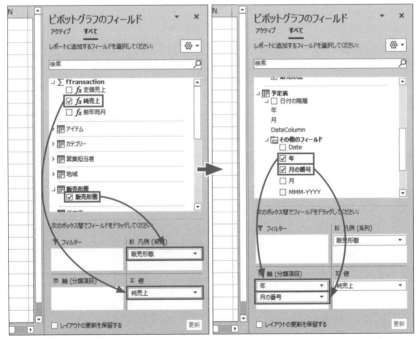

図3　「ピボットグラフのフィールド」ウインドウが開くので、「凡例」に「販売形態」、「値」に「純売上」
をドラッグして配置（左）。「軸」には、「予定表」テーブルの「その他のフィールド」にある「年」と「月
の番号」をドラッグして配置する（右）

後述するように、このグラフでは棒グラフ内にデータラベルを表示するので、不要なグラフ要素を削除しておきます。

　ピボットグラフには、データを絞り込むための灰色のボタン（フィールドボタン）が標準で配置されます。ただし今回は、絞り込みに使うボタンを「ス

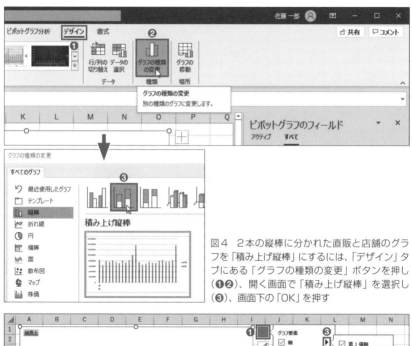

図4　2本の縦棒に分かれた直販と店舗のグラフを「積み上げ縦棒」にするには、「デザイン」タブにある「グラフの種類の変更」ボタンを押し（❶❷）、開く画面で「積み上げ縦棒」を選択し（❸）、画面下の「OK」を押す

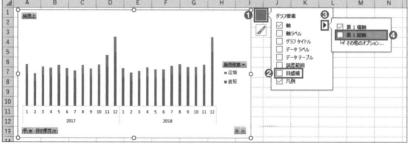

図5　積み上げ縦棒グラフになったら、右上の「＋」ボタン（❶）をクリックして「グラフ要素」のメニューを開き、「目盛線」のチェックを外して目盛線を消す（❷）。また「軸」の項目の「▶」ボタンを押し、「第1縦軸」のチェックを外して数値軸も消す（❸❹）

ライザー」で作成するので、これらのボタンも不要です。右クリックして「グラフのすべてのフィールドボタンを非表示にする」を選ぶと、消すことができます（図6）。

標準の積み上げ縦棒グラフは、棒が細くて見にくいのも改善すべき点です。棒を太くするには、いずれかの棒を右クリックして「データ系列の書式設定」を選びます（図7）。「系列のオプション」で「要素の間隔」を「0%」にすると、棒を太くして隙間をなくすことができます。「系列のオプション」では、棒

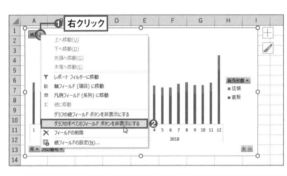

図6　灰色の「フィールドボタン」をすべて削除するには、いずれかのボタンを右クリックして「グラフのすべてのフィールドボタンを非表示にする」を選ぶ（❶❷）

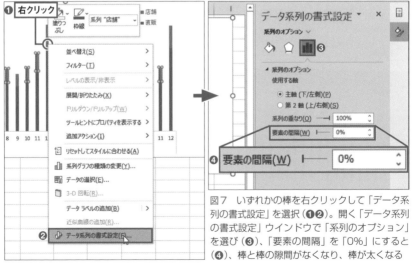

図7　いずれかの棒を右クリックして「データ系列の書式設定」を選択（❶❷）。開く「データ系列の書式設定」ウインドウで「系列のオプション」を選び（❸）、「要素の間隔」を「0%」にすると（❹）、棒と棒の隙間がなくなり、棒が太くなる

の色なども変えられるので、より見やすく、直販と店舗の差が際立つ色を設定するとよいでしょう。

必ず「名前」を付ける

ピボットテーブルやピボットグラフを単独で利用するのであれば、そのままでも問題ありません。

一方、経営ダッシュボードは、"複数"のピボットテーブルやピボットグラフを使い、数字の本質を分かりやすく伝えようとする経営管理ツールです。ピボットテーブル、ピボットグラフに「名前」を付けずに多用すると、後述する「スライサー」や「タイムライン」の接続対象が分からなくなってしまうことがあるので、必ず「名前」を付けてください。

名前を付ける方法は簡単です。ピボットグラフであれば、そのピボットグラフをクリックして選択し「ピボットグラフ分析」タブを表示。左端にある「ピボットグラフ」グループの「グラフ名」の欄に、名前を入力して「Enter」キーを押せばOKです（図8）。ピボットテーブルの場合も同様です。

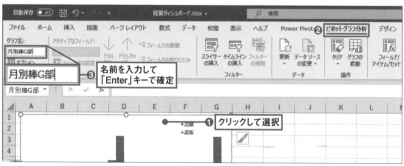

図8　ピボットグラフやピボットテーブルには「名前」を付けておこう。クリックして選択後（❶）、ピボットグラフなら「ピボットグラフ分析」タブの「グラフ名」欄に名前（ここでは「月別棒G部」）を入力し、「Enter」キーで確定する（❷❸）

設定画面で、対象とするピボットグラフなどを選択する際に、名前が付いていればすぐに見分けが付き、適切な経営ダッシュボードをスムーズに作成できるようになります。

グラフの重ね合わせで「総額」を表示させる

グラフに数字（値）を表示させるには、「データラベル」というグラフ要素を追加するのが通常の方法です。

ただし、今回のような積み上げ棒グラフの場合、単純に値のデータラベルを表示すると、系列ごとに金額が表示されてしまい、グラフが混雑したイメージになり分かりづらくなってしまいます（図9）。これでは、数字を分かりやすくするためにグラフを使う、という趣旨に反します。

そのため、系列ごとの値ではなく、両者を足し合わせた"総額"のみを表示したいと思いますが、ピボットグラフの標準機能でこうしたことはできません。そこで、ちょっとした裏ワザを使います。

まず、先ほど作成した積み上げ縦棒グラフをコピーして、全く同じサイズ

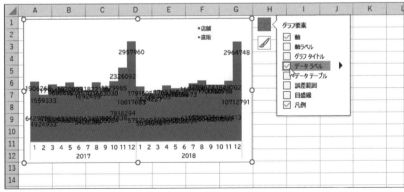

図9　積み上げ縦棒のそれぞれに「データラベル」を表示すると、混雑したイメージになってしまう

の「集合縦棒」グラフを作成します（図10、図11）。そこにデータラベルを
表示させたうえで、データラベル以外の要素を"透明"（塗りつぶしなし）に
設定してください（次ページ図12、図13）。すると数字だけが残るので、

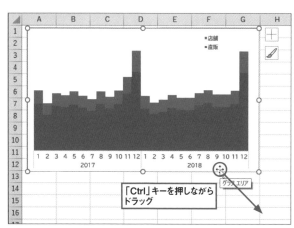

図10　図8までに作成した
積み上げ縦棒のピボットグ
ラフをコピーする。グラフ
エリアをクリックして選択
した後、「ホーム」タブの「コ
ピー」「貼り付け」ボタンを使
うか、「Ctrl」キーを押しな
がらドラッグするとコピー
できる

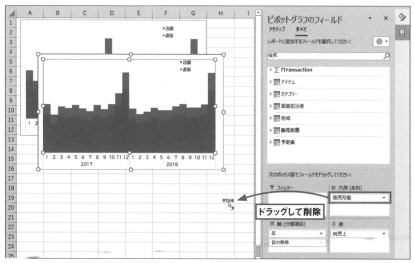

図11　コピーしたピボットグラフから、「凡例」にある「販売形態」列を削除する。なお、「ピボッ
トグラフのフィールド」ウインドウが表示されていない場合は、「ピボットグラフ分析」タブにある
「フィールドリスト」ボタンを押して表示する[注]

［注］ Excelのバージョンによっては、本書の解説通りに動作しないことがある。その場合は図2からの操作
　　を繰り返して新たにグラフを作成し、1つめのグラフに重ねるとよい

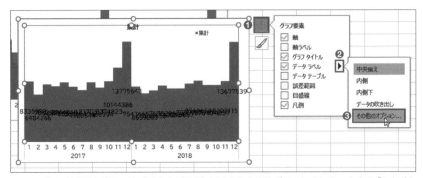

図12 積み上げ縦棒グラフが、「純売上」(総額) だけの集合縦棒グラフに変わる。右上の「＋」ボタンを押して「データラベル」→「その他のオプション」を選ぶ(❶〜❸)

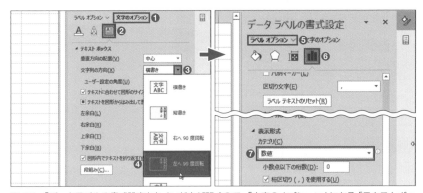

図13 「データラベルの書式設定」ウインドウが開くので、「文字のオプション」にある「テキストボックス」をクリック(❶❷)。「文字列の方向」で「左へ90度回転」を選ぶ(❸❹)。さらに「ラベルオプション」にある「ラベルオプション」を選択し(❺❻)、「表示形式」を「数値」に変更しよう(❼)

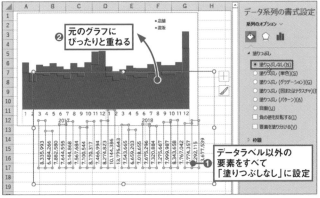

図14 データラベル以外のグラフ要素はすべて「塗りつぶしなし」に設定(❶)。数字以外を透明化できたら、ドラッグして元のグラフにぴったりと重ねる(❷)

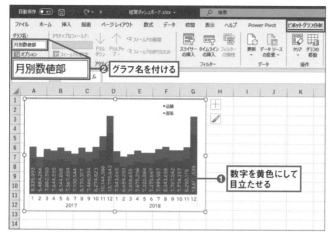

図15　数字がより見やすくなるように、ここでは文字色を黄色にした（❶）。この数字を表示するために重ねたピボットグラフにも、分かりやすいグラフ名（ここでは「月別数値部」）を付けておこう（❷）

これを元の積み上げ縦棒グラフにぴったり重ねます（図14、図15）。元が同じグラフなので、バシッと重ねることができるという算段です。

「スライサー」で表示項目を選択可能にする

　次に、「スライサー」というフィルター機能を使って、「直販」「店舗」という販売形態ごとの数字が見られるように工夫します。このスライサーに元のピボットグラフ「月別棒Ｇ部」（185ページ図8）と数字表示用のピボットグラフ「月別数値部」（図15）の両方を接続すれば、棒グラフと金額表示を連動させることができます。これで、全体を表示したときは総額の数字を表示し、「直販」あるいは「店舗」を選択すると、それぞれの純売上を表示できるようになります。

　ピボットテーブルやピボットグラフを使ったことがあれば分かると思いますが、「行ラベル」や「列ラベル」、あるいは「軸フィールドボタン」などでそれぞれ表示したい項目を選択＝フィルターすることができます。ただし、経

営ダッシュボード上で項目を選択して表示を切り替える操作を頻繁に行うことを考えると、この作業は意外と面倒です。

これを簡単にするのが「スライサー」です。シート上に項目名のボタンを配置して、そのクリック操作で表示の選択ができるようにします。

先ほど作成したピボットグラフに、スライサーを追加してみましょう。ピ

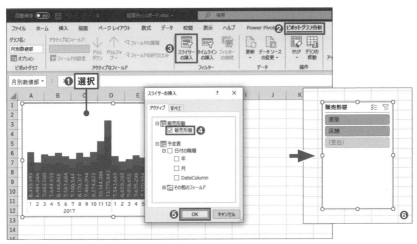

図16　ピボットグラフを選択し（❶）、「ピボットグラフ分析」タブにある「スライサーの挿入」ボタンをクリック（❷❸）。開く画面で対象項目（ここでは「販売形態」）にチェックを入れて「OK」を押す（❹❺）。すると「スライサー」が挿入される（❻）

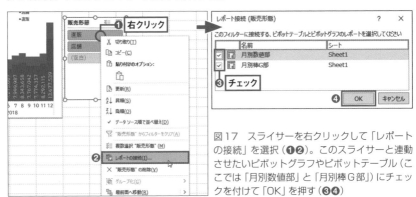

図17　スライサーを右クリックして「レポートの接続」を選択（❶❷）。このスライサーと連動させたいピボットグラフやピボットテーブル（ここでは「月別数値部」と「月別棒G部」）にチェックを付けて「OK」を押す（❸❹）

ボットグラフを選択し、「ピボットグラフ分析」タブにある「スライサーの挿
入」ボタンをクリック。開く画面で、ここでボタンを用意したい「販売形態」
列にチェックを入れて「OK」を押します（図16）。すると「販売形態」という
名称のスライサーが挿入され、ボタンのクリックで「直販」「店舗」という
項目を選べるようになります。

このとき注意したいのは、単にスライサーを挿入しただけでは、そのスラ
イサーで操作できるのは、挿入時に選択していたピボットグラフやピボット
テーブルだけだということです。今回の場合、数字を表示するために重ねた
「月別数値部」のピボットグラフ（図15）と、実際に棒を表示している「月別
棒G部」のピボットグラフ（図8）の2つを連動させる必要があります。

そこで、「レポートの接続」を設定します。具体的には、スライサーを右

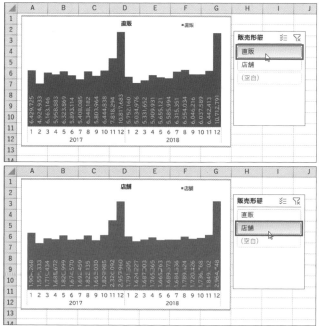

図18　スライサーで
「直販」をクリックし
て選ぶと、グラフも
数字も「直販」の金額
になる（上）。「店舗」
をクリックすると、
グラフも数字も「店
舗」の金額になる（下）

クリックして「レポートの接続」を選択。開く画面で、連動させたいピボットグラフやピボットテーブルにチェックを入れて、「OK」を押します（190ページ図17）。

　スライサーを使うメリットは、「レポートの接続」により、複数のピボットテーブルやピボットグラフを一括して操作できるようになる点です（図18）。これは「経営ダッシュボード」の必需品です。「レポート接続」画面で、連動させたいピボットテーブルやピボットグラフを適宜選択するという工夫で、さまざまな形式の経営ダッシュボードを作成できるようになります。

「スライサー」の見栄えを整える

　スライサーの見栄えも気にしましょう。サイズを調整することはもちろんですが、ボタンの並びを縦から横に変えたり、ボタンの数が多いときは何列で表示するかなどを調整します。また、スライサーにタイトルが入ると煩わ

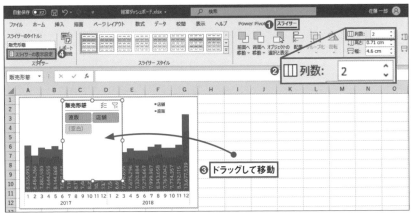

図19　「スライサー」タブにある「列数」を「2」にすれば、ボタンを横に2つ並べられる（❶❷）。スライサーの内部や周囲のハンドルをドラッグすれば位置やサイズを変更可能（❸）。タイトルや「（空白）」というボタンを消すには、「スライサー」タブの「スライサーの表示設定」ボタンを押す（❹）

しいこともあります。「（空白）」という余計なボタンが表示されている場合は非表示にしましょう。

　ボタンを横に並べたいときは、「スライサー」タブにある「列数」を増やします（図19）。「スライサーの表示設定」ボタンを押すと「スライサーの設定」画面が開くので、そこで「タイトル」欄を空欄にすれば、邪魔なタイトルを消せます。「データのないアイテムを非表示にする」欄にチェックを入れれば、「（空白）」のボタンを非表示にできます（図20）。

　「スライサー」タブの「スライサースタイル」で色を変えたり、その右下に

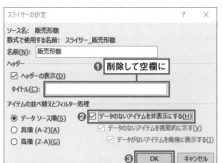

図20 「タイトル」欄を空欄にすればタイトルを消せる（❶）。「データのないアイテムを非表示にする」欄にチェックを入れれば、「（空白）」のボタンを消せる（❷❸）

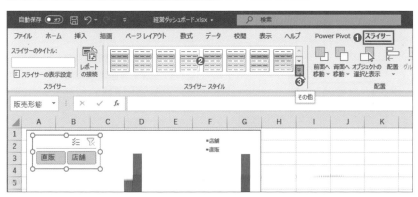

図21 「スライサー」タブの「スライサースタイル」で、ボタンの色などを選択できる（❶❷）。さらに「その他」をクリックし（❸）、「新しいスライサースタイル」を選べば、罫線の有無や文字サイズ、色などを詳細に設定できる

ある「▼」(その他) ボタンをクリックして「新しいスライサースタイル」を選べば、オリジナルのスタイルを作成して好みのデザインに変えることも可能です。いろいろ設定できますので試してみてください(前ページ図21)。

　以上で、販売形態別の純売上を示すグラフは完成です。

ピボットグラフを「値が大きい順」に自動で並べ替え

　次に、「営業担当者」ごとの営業成績を示すピボットグラフを作成しましょう。こうしたグラフの場合、成績順に上位から並べて表示したいものです。ピボッ

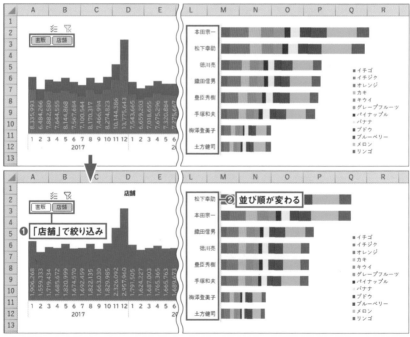

図22　「営業担当者」ごとの売り上げを、右のような「積み上げ横棒」グラフで示す。営業成績がひと目で分かるように、値が大きい順に並べ替えられ、かつスライサーなどでデータの抽出条件を変えると自動で営業担当者の並び順も変わるようにしたい(❶❷)

トグラフなら「値が大きい順」に自動で並ぶグラフを作成可能です。しかも、「スライサー」などで抽出条件を切り替えた際、その結果に応じた並び順に瞬時に切り替えることもできます（図22）。

　ポイントは、ピボットグラフとピボットテーブルがセットになったものを使う点です。というのも、グラフ単独では、その順序を降順／昇順などで並べ替えられないからです。グラフの並び順を変えるには、その元表の順序を並べ替える必要があります。そこで、ピボットグラフとピボットテーブルがセットになったものを作成し、ピボットテーブル側の順序を並べ替えることで、グラフ側も連動して並び替わる仕掛けにします。

　具体的には、「挿入」タブの「グラフ」グループにある「ピボットグラフ」ボタンの下半分をクリックして、「ピボットグラフとピボットテーブル」を選びます（図23）。

　今回の「経営ダッシュボード」には、ピボットグラフだけを配置したいので、ひとまず「新規ワークシート」を選んで作成してください。ピボットグラフとピボットテーブルの枠が用意されたら、「ピボットグラフのフィールド」

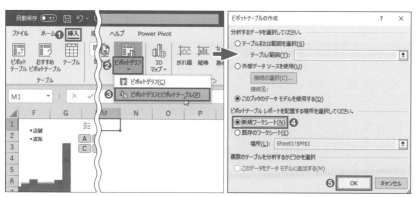

図23　「挿入」タブの「ピボットグラフ」ボタンの下半分をクリックして、「ピボットグラフとピボットテーブル」を選択（❶～❸）。ここでは、ひとまず「経営ダッシュボード」とは別のシートに作成したいので、「新規ワークシート」を選択して「OK」を押す（❹❺）

ウインドウで「凡例」に「アイテム」テーブルの「アイテム」列、「軸」に「営業担当者」テーブルの「営業担当」列、「値」に「fTransaction」テーブルの「純売上」メジャーを配置します（図24）。すると通常の集合縦棒グラフになるので、「グラフの種類の変更」ボタンをクリックし、今回は「積み上げ横棒」グラフに変更します（図25）。

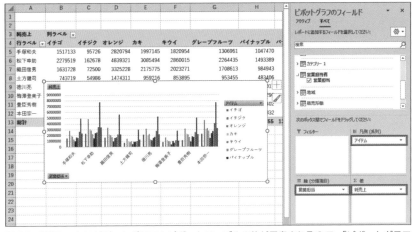

図24　新規シートにピボットグラフとピボットテーブルの枠が用意されるので、「ピボットグラフのフィールド」ウインドウで「凡例」に「アイテム」、「軸」に「営業担当」、「値」に「純売上」を指定する。これで図のような集計表と集合縦棒グラフが出来上がる

図25　ここでは積み上げ横棒グラフで図示したいので、「デザイン」タブにある「グラフの種類の変更」ボタンをクリックし（❶❷）、開く画面で「積み上げ横棒」を選択する（❸❹）

　出来上がった積み上げ横棒グラフを、金額の大きい順に並べ替えるには、セットになっているピボットテーブルの「行ラベル」欄にある「▼」ボタンをクリック。「その他の並べ替えオプション」で、「純売上」を基準にして「昇順」で並べ替えます（図26）。横棒グラフの場合、下側にある横軸に近いほうが "先頭" になるので、「昇順」を選ぶと下から小さい順に並びます。結果として、上から大きい順にグラフを並べることができます。

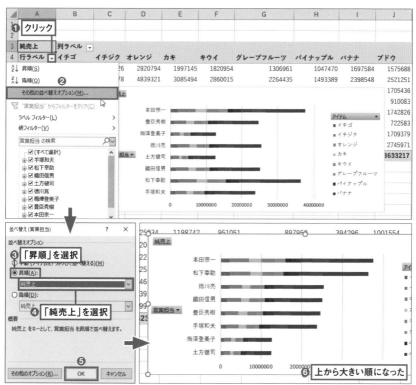

図26　積み上げ横棒グラフができたら、上から値が大きい順に並ぶように設定する。ピボットテーブルの「行ラベル」欄にある「▼」ボタンをクリックし（❶）、「その他の並べ替えオプション」を選択（❷）。開いた画面で「昇順」を選択し、その基準として「純売上」を選ぶ（❸〜❺）。すると、ピボットグラフは横軸に近いほう（下側）から小さい順（昇順）に並ぶので、結果的に上から大きい順（降順）になる（❻）

これでグラフの形はできたので、最初に作成した「月別」のグラフと同様、目盛線や軸など余計な要素を非表示にして、棒の太さなども調整します。

このグラフを経営ダッシュボードに表示するため、「デザイン」タブにある「グラフの移動」ボタンをクリックし、経営ダッシュボードのあるシート（ここでは「Sheet1」）に移動します（図27）。

図27　出来上がったピボットグラフは、余計な要素を非表示にして見た目を整えた後、経営ダッシュボードのシートに移動する。それには、「デザイン」タブにある「グラフの移動」ボタンを押し（❶❷）、開く画面で経営ダッシュボードのシートを選択するのが簡単だ（❸❹）

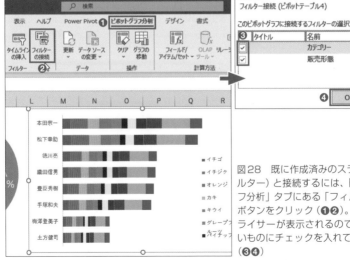

図28　既に作成済みのスライサー（フィルター）と接続するには、「ピボットグラフ分析」タブにある「フィルターの接続」ボタンをクリック（❶❷）。作成済みのスライサーが表示されるので、連動させたいものにチェックを入れて「OK」を押す（❸❹）

　仕上げは、既に作成済みの「スライサー」との接続です。スライサー側から設定する場合、スライサーを右クリックして「レポートの接続」を選びましたが、既に複数のスライサーを作成しているときは、それらを1つずつ設定していくのは面倒です。そのような場合は、ピボットグラフ側からスライサーとの接続を設定しましょう。なお、この方法はピボットテーブルについても同じです。

　ピボットグラフを選択した状態で、「ピボットグラフ分析」タブの「フィルター」グループにある「フィルターの接続」ボタンをクリックします。すると「フィルター接続」画面が開くので、連動させたいフィルターにチェックを入れて「OK」を押します（図28）。これで、スライサーで「直販」「店舗」を選択して対象を絞り込んだときに、設定したすべてのピボットグラフの表示が連動して、194ページ図22のように値の大きさが逆転すれば、グラフの表示順も自動で並び替わるようになります。

「タイムライン」で期間を選択可能にする

　ピボットグラフやピボットテーブルで利用できる「タイムライン」機能を使うと、作成した「経営ダッシュボード」のグラフを、特定の期間に絞った表示に瞬時に切り替えられるようになり、便利です（次ページ図29）。

　「タイムライン」の作成方法は「スライサー」と同様です。対象にしたいピボットグラフを選択し、「ピボットグラフ分析」タブにある「フィルター」グループの「タイムラインの挿入」ボタンをクリック。開く画面で、カレンダーテーブルである「予定表」の「Date」を選択して「OK」ボタンを押します（図30）。するとタイムラインのパネルが挿入されるので、右クリックして「レポートの接続」を選びます（図31）。この手順は190ページ図17でスライサーに行った設定と同じです。そのタイムラインで操作したいピボットグラ

フやピボットテーブルを一覧から選択し、「OK」を押します（図32）。

　これで、選択したピボットグラフなどが、タイムラインの操作と連動するようになります。

　なお、タイムラインを選択したときに表示される「タイムライン」タブで、タイムラインのスタイルや、タイトル（ヘッダー）の表示／非表示などを変更することもできます。

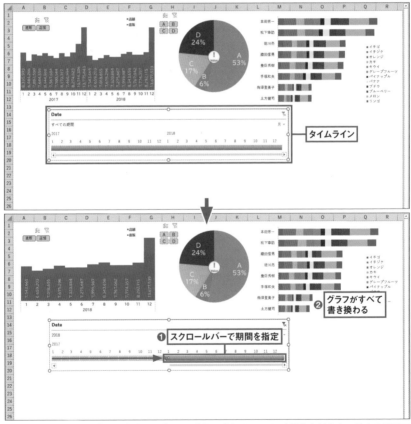

図29　ピボットテーブルやピボットグラフで使える「タイムライン」機能を使うと、特定の期間ごとの状況を確認したり、時期による売り上げの推移を見たりできるので便利（❶❷）

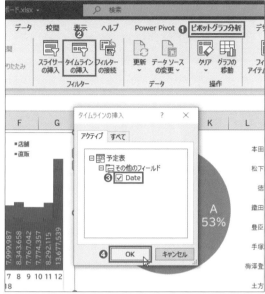

図30 タイムラインを作成する
には、ピボットグラフまたはピ
ボットテーブルを1つ選択し、「ピ
ボットグラフ分析」タブにあるタ
イムラインの挿入」ボタンをクリック
（❶❷）。開く画面で「予定表」
の「その他のフィールド」にある
「Date」（カレンダーテーブルに由
来）にチェックを入れて、「OK」を
押す（❸❹）

図31 タイムラインが挿入されたら、ほかのピボットテーブルやピボットグラフも連動するよう
に設定する。スライサーと同様、右クリックしてメニューから「レポートの接続」を選ぶ（❶❷）

図32 開く画面で、タイムライ
ンと連動させるピボットテーブル
やピボットグラフを選択し（❶）、
「OK」を押す（❷）

PART **3**

ピボットテーブルを
上手に配置する

Modern **Excel**

　パワーピボットでピボットグラフやピボットテーブルを作ることができる
のは、ここまで説明してきた通りです。作り方はそれほど難しくありません
が、複数のデータを１カ所にまとめて表示する「経営ダッシュボード」であ
ることを踏まえると、そこに配置する「ピボットテーブル」の場所も、自由
にレイアウトできるようにしたいところです。

　これまで作成してきた「ピボットグラフ」「スライサー」「タイムライン」な
どは、"オブジェクト"としてシート上にあるため、セルのマス目とは無関係に、
自由に移動したり、サイズを変更したりできます。

　これに対し、「ピボットテーブル」はセルに直接埋め込まれるので、ちょっ
と厄介です。例えば、データの桁数が増えると、それまでのセルの幅では収
まりきらず、セルのサイズを広げる必要が生じます。こうしたセルの幅や高
さの拡大／縮小により、経営ダッシュボード全体のバランスが崩れ、見づら
くなってしまうこともあるのです。

　そもそも経営ダッシュボードは、数字を１カ所にまとめて分かりやすくす
るためのツールです。経営ダッシュボード全体のバランスが崩れ、見づらく
なってしまっては本末転倒です。

ピボットテーブルは「リンクされた図」でレイアウト

　そこでポイントが２つあります。１つは、ピボットテーブルを「経営ダッ
シュボード」とは別のシートに作成すること。もう１つは、その別シートに
作成したピボットテーブルを「リンクされた図」として経営ダッシュボード

に配置することです。

「リンクされた図」とは、セル範囲の"見た目"をコピーして「図」(画像)と
してシート上に貼り付ける機能です。しかも、元のセル範囲と貼り付けた図
が「リンク」しており、セルの内容を変更すると、その変更が図にも即座に
反映されます。図であることから、シート上に自由に配置できるうえ、サイ
ズ変更も自在です。これにより、ピボットテーブルの内容を、ダッシュボー
ド上に自由にレイアウトして、見やすく配置できるようになります。

実際にやってみましょう。ここでは、「地域」と「アイテム」の「純売上」を
クロス集計したピボットテーブルを作成してみます。

先に、経営ダッシュボードのシートと、ピボットテーブル作成用のシート
に、適当な名前を付けておきます。ピボットグラフを配置している経営ダッ
シュボードのシートには、文字通り「経営ダッシュボード」というシート名
を付けます。一方、前のパートでピボットテーブルを作成したシートには、「表
示用」という名前を付けておきます(図1)。

「表示用」のシートを選択し、「挿入」タブにある「ピボットテーブル」ボタ

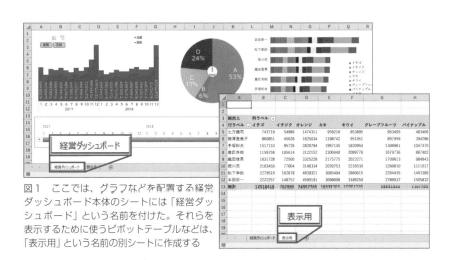

図1 ここでは、グラフなどを配置する経営
ダッシュボード本体のシートには「経営ダッ
シュボード」という名前を付けた。それらを
表示するために使うピボットテーブルなどは、
「表示用」という名前の別シートに作成する

ンをクリックすると、「ピボットテーブルの作成」画面が開きます[注]。ここ
では、パワーピボットのデータモデルを用いたピボットテーブルを作成した
いので、「このブックのデータモデルを使用する」が選択されていることを確

図2　「表示用」シートを表示し、「挿入」タブにある「ピボットテーブル」ボタンをクリック（❶❷）。
開く画面で「このブックのデータモデルを使用する」が選択されていることを確認（❸）[注]。「既存のワー
クシート」の適当な場所（ここではP3セル）を指定し（❹～❻）、「OK」を押す（❼）

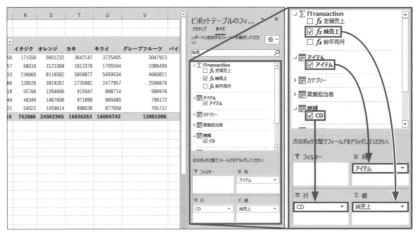

図3　ピボットテーブルの枠が挿入されたら、右側の「ピボットテーブルのフィールド」ウインドウで、
ディメンションテーブルから「アイテム」を「列」に、「CD」を「行」に、ファクトテーブルから「純
売上」を「値」に配置する。これでクロス集計表が出来上がる

[注]　最新版のExcelでは、「ピボットテーブル」ボタンの下半分をクリックし、「データモデルから」を選択す
　　る（215ページ「ワンポイント」参照）

認し、「既存のワークシート」を選び、適当な場所を選択します（図2）。事例では既に作成済みのピボットテーブルがあるため、その列幅に影響を受けないよう、右側の空いたスペース（P3セル）を指定しました。

　ピボットテーブルの枠が挿入されたら、「ピボットテーブルのフィールド」ウインドウで、ディメンションテーブルから「アイテム」を「列」に、「CD」（「地域」クエリに並べ替え用の番号を付けたもの。97ページ以降を参照）を「行」に、ファクトテーブルから「純売上」を「値」に配置します（図3）。

ピボットテーブルの見栄えを整える

　クロス集計表ができたら、見た目を改善しましょう。ここでは「デザイン」タブの「ピボットテーブルスタイル」で「白，ピボットスタイル（淡色）1」を選びます（図4）。

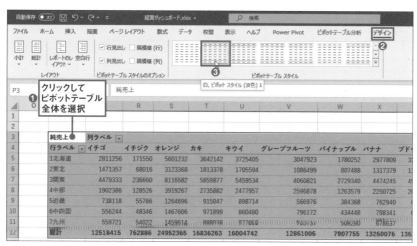

図4　ピボットテーブルの左上隅をクリックすると、ピボットテーブル全体が選択される（❶）。「デザイン」タブにある「ピボットテーブルスタイル」で、ここでは「白，ピボットスタイル（淡色）1」を選んだ（❷❸）

　ピボットテーブルは列幅を自動調整する機能が標準で有効になっているため、データを更新するたびに列幅が広がったり縮んだりしてしまいます。これが結構煩わしく、経営ダッシュボードの見栄えにも大きく影響することになります。

　そこで、列幅を自動調整する機能はオフにしておくことをお勧めします。「ピボットテーブル分析」タブの左端にある「ピボットテーブル」グループの「オプション」ボタンをクリック。開く画面の「レイアウトと書式」タブで、「更新時に列幅を自動調整する」のチェックを外します。その際、ピボットテーブルの名前も付けておきましょう（図5）。

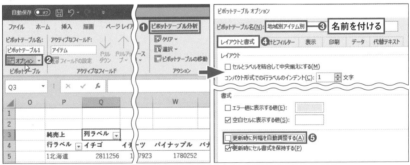

図5　「ピボットテーブル分析」タブの左端にある「オプション」ボタンをクリック（❶❷）。開く画面の上端にある「ピボットテーブル名」欄に、名前（ここでは「地域別アイテム別」）を入力し（❸）、「レイアウトと書式」タブにある「更新時に列幅を自動調整する」のチェックを外す（❹❺）

図6　「ピボットテーブルオプション」画面の「表示」タブにある「フィールドのタイトルとフィルターのドロップダウンリストを表示する」のチェックを外して「OK」ボタンを押す（❶❷）。するとピボットテーブルの「行ラベル」「列ラベル」の文字や「▼」ボタンを非表示にできる

　経営ダッシュボードは「スライサー」でフィルターするので、「表示」タブの「フィールドのタイトルとフィルターのドロップダウンリストを表示する」もオフにして構いません。こうすると、行見出しと列見出しの上にある「行ラベル」「列ラベル」というタイトルを消せると同時に、項目を絞り込むのに使う「▼」ボタンを非表示にできます（図6）。

　そのほか、列幅を適切に調整する、数値に「桁区切りスタイル」を設定する、

ワンポイント

表示単位はパワーピボットで設定するとよい

　ピボットテーブルやピボットグラフに表示する数値の書式設定は、パワーピボットの「メジャー」に付随する「書式オプション」であらかじめ設定しておくのがお勧めです。というのも、ダッシュボードに配置したスライサーを選択してデータを絞り込んだ際に、書式が"標準"に戻るなどのエラーが生じることがあるためです。

　書式は、「メジャー」画面の下部にある「書式オプション」で指定できます（図A）。ここで「数値」を選び、「位取り区切り記号 (,) を使用する」にチェックを入れて「OK」を押せば、3桁区切りの表示にできます。筆者の経験上、ここで指定した書式は常に維持されて、上記のようなエラーは起きません。

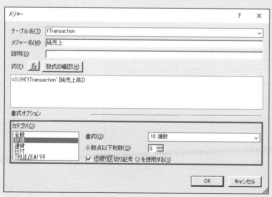

図A　パワーピボットの「メジャー」画面の「書式オプション」欄で「数値」を選ぶと、3桁区切りのカンマを挿入したり、小数点以下の桁数を指定したりできる。「通貨」を選ぶと「¥」などの単位記号を付けられ、「日付」を選ぶと日付の表記方法を指定できる

読みやすいフォントにするなど、見やすいピボットテーブルになるように適宜調整します。

「リンクされた図」としてダッシュボードに貼り付け

　ピボットテーブルの見栄えを整えたら、これを「経営ダッシュボード」シートに図として貼り付けます。左上隅をクリックするとピボットテーブル全体が選択されるので、「ホーム」タブの「コピー」ボタンをクリック（図7）。

　「経営ダッシュボード」シートに表示を切り替えたら、「貼り付け」ボタンの「▼」をクリックし、開く一覧の「その他の貼り付けオプション」にある「リンクされた図」を選びます（図8）。これで、ピボットテーブルが図として貼り付けられます。

　なお、この図は背景が"透明"になっている点に注意が必要です。背景が

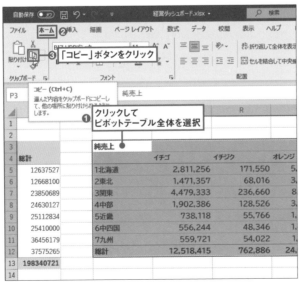

図7　ピボットテーブルの見栄えを整えたら、テーブル全体を選択し（❶）、「ホーム」タブにある「コピー」ボタンを押す（❷❸）。「Ctrl」キーを押しながら「C」キーを押してもよい

透けて見えるため、ほかの要素と重ねて配置したり、シートの背景に画像を挿入したりする場合、クロス集計表が見にくくなってしまいます。これを防ぐには、「表示用」シートにある元のピボットテーブルに戻り、セルの背景色を「白」で塗りつぶすとよいでしょう（図9）。

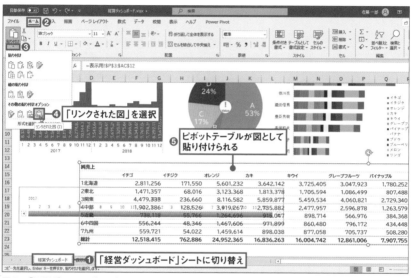

図8 「経営ダッシュボード」シートに切り替え（❶）、「ホーム」タブにある「貼り付け」ボタンの「▼」をクリック（❷❸）。開く一覧から「その他の貼り付けオプション」にある「リンクされた図」をクリック（❹）。これでコピーしたピボットテーブルを「図」として貼り付けることができる（❺）

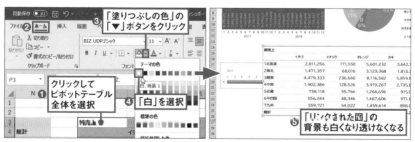

図9 「表示用」シート上にある元のピボットテーブルを選択し（❶）、「ホーム」タブにある「塗りつぶしの色」ボタンの「▼」をクリック（❷❸）。「白」を選択すると（❹）、「経営ダッシュボード」シートにある図にも反映され、背景が白くなり、透けなくなる（❺）

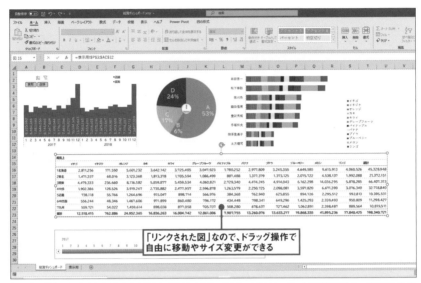

図10　「リンクされた図」として貼り付けたピボットテーブルは、サイズの変更やレイアウトも自由自在。ここでは上のようにピボットテーブルを配置した

このように「リンクされた図」として貼り付けたピボットテーブルを、適当な大きさに調整し、経営ダッシュボードに配置します（図10）。

「条件付き書式」でトップ5をハイライト表示

ピボットテーブルは縦横で分かりやすく"数字"を表現しているものの、そもそも数字を苦手とするに人にとっては、それでもハードルが高いものです。

そこで、図11のように、注目させたい数字（セル）に色などを付けて、数字をさらに分かりやすくする工夫をしてみるとよいでしょう。これには「条件付き書式」を使います。従来のExcelでもおなじみの、特定の条件を満たすセルに書式を自動設定する機能です。

ピボットテーブルに対して「条件付き書式」を設定する場合、通常とは少

し異なる点があります。「表示用」シートのピボットテーブル内のいずれかのセルを選択し、「ホーム」タブにある「条件付き書式」ボタンを押して「新しいルール」を選んでみてください（図12）。

　すると、通常とは異なる「新しい書式ルール」画面が開きます（次ページ図13）。上部に「ルールの適用対象」欄があり、「選択したセル範囲」など、

図11　金額が大きい「上位5位まで」をハイライト表示したい。「条件付き書式」を使えば自動で色分けできる

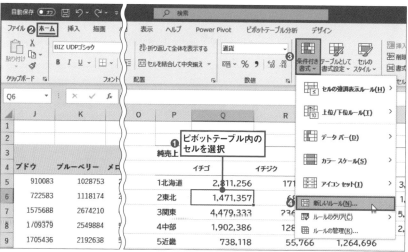

図12　ピボットテーブル内のセルのいずれかを選択し（❶）、「ホーム」タブにある「条件付き書式」ボタンをクリック（❷❸）。「新しいルール」を選ぶ（❹）

対象を選択できるようになっています。例えば、"地域"と"アイテム"で"純売上"値のクロス集計結果を対象にしたければ、「"CD"と"アイテム"の"純売上"値が表示されているすべてのセル」を選択して、ルールの種類と内容を設定します。今回は「上位または下位に入る値だけを書式設定」を選び、

図13 「ルールの適用対象」欄で、「"CD"と"アイテム"の"純売上"値が表示されているすべてのセル」を選択（❶）。「ルールの種類を…」の欄で「上位または下位に入る値だけを書式設定」を選択（❷）。「ルールの内容を…」の欄で「上位」「5」（トップ5）までをハイライト表示できるように設定した（❸～❺）

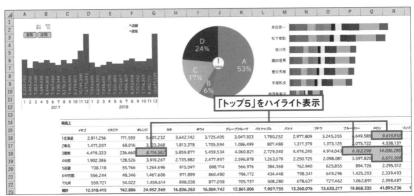

図14 「条件付き書式」によるハイライト表示は、もちろん「経営ダッシュボード」シートに貼り付けた「リンクされた図」にも反映される

「トップ5」だけをハイライト表示できるように設定しています。

設定が終わると、ピボットテーブル内の上位5番目までの数字（セル）に色が塗られ、トップ5がひと目で分かるようになります。この表示はもちろん、「経営ダッシュボード」シートにある「リンクされた図」にもリアルタイムで反映されます（図14）。

「スライサー」や「タイムライン」との接続も忘れずに

前のパートでも解説したように、経営ダッシュボードには、さまざまなディメンション（局面）からデータを分析・可視化するための「スライサー」や「タイムライン」を用意するのがポイントです。

ここでは、経営ダッシュボードに図15のようなスライサーを追加しました。作り方の詳細は、189ページ以降を参照してください。これらのスライサー

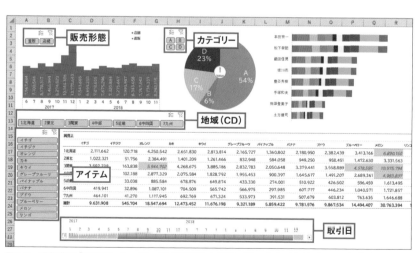

図15　現段階で「経営ダッシュボード」に追加したスライサーとタイムライン。これらすべてについて、接続するピボットグラフやピボットテーブルをそれぞれ設定する必要がある。後から追加するスライサーやピボットグラフなどについても同様だ

やタイムラインを、それぞれ必要なピボットグラフやピボットテーブルに接続し、連動させられるようにします。

　例えば、「A」「B」「C」「D」という「カテゴリー」でデータを絞り込むスライサーは、カテゴリー別の売上比率を示した円グラフ以外と接続する必要があります。カテゴリー別の円グラフでカテゴリーを絞り込むのは意味がないため、そこは除外するわけです。具体的には、スライサーを選択して「スライサー」タブにある「レポートの接続」ボタンをクリック。開く画面で、円グラフ以外にチェックを入れて、「OK」を押します（図16）。今回の例では「カテゴリー別」というのが円グラフの名前なので、これを除外しています。

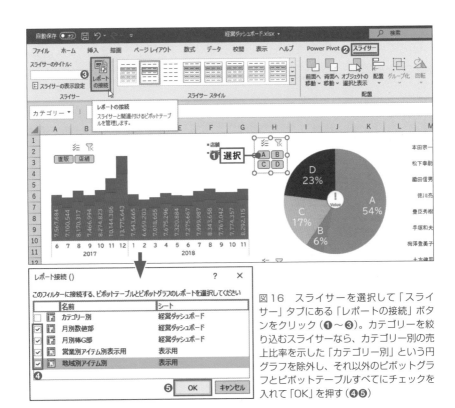

図16　スライサーを選択して「スライサー」タブにある「レポートの接続」ボタンをクリック（❶～❸）。カテゴリーを絞り込むスライサーなら、カテゴリー別の売上比率を示した「カテゴリー別」という円グラフを除外し、それ以外のピボットグラフとピボットテーブルすべてにチェックを入れて「OK」を押す（❹❺）

　一方、売上高のような数字を概観するには、地域別でアイテム別に常に表示したいはずです。そこで、「地域（CD）」を絞り込むスライサーでは、先ほど作成した「地域別アイテム別」というピボットテーブルを除外します。それ以外のピボットグラフやピボットテーブルと接続することで、「地域（CD）」スライサーと連動した表示ができるようになります。

　ここではスライサー側から設定する方法を示しましたが、198ページ図28で解説したように、ピボットグラフやピボットテーブル側から、接続するスライサーやタイムラインを設定しても構いません。

　「スライサー」や「タイムライン」の接続次第で、経営ダッシュボードの見え方を工夫することができますので、いろいろ試してみてください。

ワンポイント

最新版では「ピボットテーブル」ボタンがメニュー化

　Microsoft 365の最新版Excelでは、「挿入」タブにある「ピボットテーブル」ボタンの下半分をクリックするとメニューが表示されるようになりました。ブックに追加したデータモデルを使用してピボットテーブルを作成するには、3つの選択肢のうち「データモデルから」を選ぶ必要があります（図A）。ボタンの上半分（アイコン部分）をクリックすると「テーブルまたは範囲から」を選んだのと同じ意味になり、開く画面に「このブックのデータモデルを使用する」という従来のような選択肢は表示されないので注意してください。

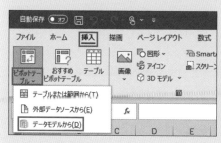

図A　最新版のExcelは、「挿入」タブの「ピボットテーブル」ボタン下半分をクリックしてメニューを開き、3つの選択肢からどのデータを使用するかを選ぶように変更されている

ランキングの推移表を表示する

Modern **Excel**

　「営業担当者別の売上ランキング表を作成したい」といったニーズは結構あるでしょう。ひと昔前であれば、模造紙やホワイトボードなどに手書きで書いていたランキングの推移を時系列で示す「バンプチャート」も、モダンExcelを使えば簡単に作成できます（図1）。利用するのは「マーカー付き折れ線」と「RANKX」というDAX関数です。

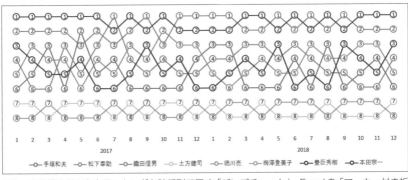

図1　営業担当者の売上ランキングを時系列で示す「バンプチャート」。Excelの「マーカー付き折れ線」とパワーピボットのDAX関数を使って作成する

RANKXとALLで売上ランキングを求める

　グラフを作成するには、売上データをもとに各営業担当者のランキングを求める必要があります。モダンExcelにおいて順位を調べる際に使うのが、「RANKX」というDAX関数です。そして、最終的には「ALL」関数と組み合わせたDAX式で、ランキングを求める「メジャー」を作成します。メジャー

の作り方については139ページ以降を参照してください。

RANKXは、「SUMX」と同じく末尾に「X」が付くイテレーター（反復子）というDAX関数で、構文は次の通りです。

RANKX(<table>, <expression>[, <value>[, <order>[, <ties>]]])

このRANKXというDAX関数をごく簡単に説明すると、指定したテーブル（table）で、所定の計算式（expression）に基づいてランキングを求める、という働きをします。最後の引数「ties」は、同順位の場合にどうするかを決めるもので、既定では同順位の数だけ順位を飛ばします。例えば1位が3つあれば、次は4位になる方式です。構文に示した［　］は省略可能という意味で、今回はすべて省略しますので、詳しい解説は割愛します。最低限「RANKX(<table>, <expression>)」という式を作れば、「値が大きい順（降順）に順位を付け、同順位の場合はその数だけ飛ばす」という計算ができます。

バンプチャートを作るには、このRANKXを使ってメジャーを作成し、これをもとにピボットグラフを作成します。このとき、「ALL」というDAX関数を組み合わせることがポイントです。

そもそも、ピボットグラフやピボットテーブルの集計結果は、テーブルを「フィルター」機能により絞り込んで集計した結果であることを思い出してください（157〜160ページ参照）。RANKXとALLでメジャーを定義することにより、RANKXが大きさを比較する対象として「ALL＝すべて」の項目を指定する必要があります。

ALL関数の構文は次の通りです。

ALL([<table> | <column>[, <column>[, <column>[,…]]]])

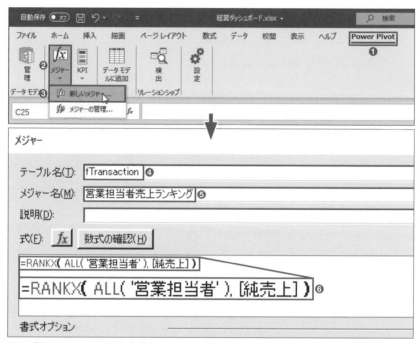

図2 「Power Pivot」タブにある「メジャー」ボタンを押して「新しいメジャー」を選択（❶～❸）。開いた作成画面の「テーブル名」でファクトテーブルである「fTransaction」を選択（❹）。「メジャー名」に「営業担当者売上ランキング」と入力し（❺）、RANKXとALLを使った式を入力する（❻）

　ALLは、指定したテーブル（table）または列（column）のすべての値を返すというDAX関数です（「|」という演算子は「または」という意味）。このALLを使うと、適用されている可能性があるフィルターをすべて無視して計算してくれます。つまり、「ALL」ですべてのフィルターをクリアし、RANKXで順位付けすれば、ピボットグラフやピボットテーブルにおいても、テーブルのすべての行、すべての列を対象に計算できることになります。

　早速、ランキングを表示するために必要となるメジャーを作成してみましょう。「Power Pivot」タブにある「メジャー」ボタンから「新しいメジャー」を選択。開いた作成画面にRANKXとALLを使った式を入力します（図2）。

ピボットグラフで「マーカー付き折れ線」を作成

　単にランキングだけ計算したいのであれば、図2のメジャーでも計算はできます。そこで、ひとまずピボットグラフを作成してみましょう。

　「経営ダッシュボード」シートを開いて「挿入」タブにある「ピボットグラフ」

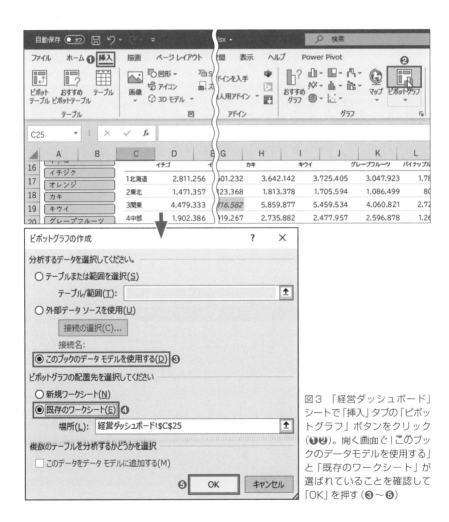

図3　「経営ダッシュボード」シートで「挿入」タブの「ピボットグラフ」ボタンをクリック（❶❷）。開く画面で「このブックのデータモデルを使用する」と「既存のワークシート」が選ばれていることを確認して「OK」を押す（❸〜❺）

ボタンを押し、「ピボットグラフの作成」画面で「OK」をクリック（前ページ図3）。ピボットグラフの枠が挿入されたら、「ピボットグラフのフィールド」ウインドウで「凡例」に「営業担当」、「軸」に「年」と「月の番号」を配置した

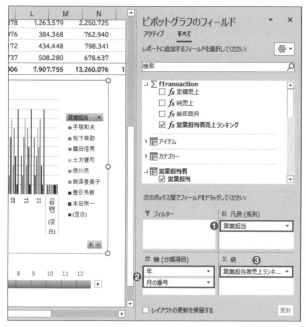

図4　「ピボットグラフのフィールド」ウインドウで「凡例」に「営業担当」、「軸」に「年」と「月の番号」を配置（❶❷）。「値」には、先ほど作成した「営業担当者売上ランキング」というメジャーを指定する（❸）。既定では集合縦棒グラフになる

図5　「デザイン」タブにある「グラフの種類の変更」ボタンをクリック（❶❷）。開く画面の左側で「折れ線」を選び、「マーカー付き折れ線」を選択（❸❹）。画面下の「OK」ボタンを押す

ら、「値」には、先ほど作成した「営業担当者売上ランキング」というメジャーを指定します（図4）。すると既定では集合縦棒グラフになるので、「デザイン」タブにある「グラフの種類の変更」ボタンをクリックし、「マーカー付き折れ線」に変更します（図5）。

マーカー付き折れ線グラフに変わったら、見た目を整えます。ここでは「グラフスタイル」で「スタイル5」を選び、「凡例」は下に移動、「目盛線」は消して、「データラベル」を「中央揃え」で配置しました（図6）。プロットエリアの網掛けも消して、ピボットグラフのフィールドボタンも非表示にしています（184ページ図6参照）。

このグラフの縦軸の目盛りを見ると、順位を表す数字が上から10、9、8、…と表示されていることが分かります。通常ランキング表は、上から1位、

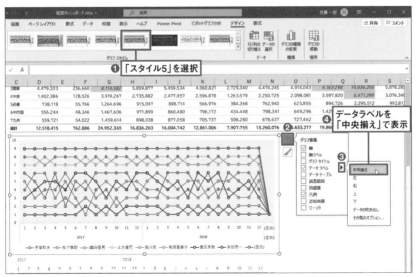

図6 マーカー付き折れ線になったら、「グラフスタイル」で「スタイル5」を選び（❶）、グラフ右上の「＋」ボタンをクリックして（❷）、要素の有無や配置を変更する。ここでは「凡例」を下に移動し、「目盛線」はオフに。「データラベル」の「▶」をクリックして「中央揃え」を選択（❸❹）。そのほかプロットエリアの網掛けも消して、フィールドボタンも非表示にした

2位、3位…と並べるものでしょう。この上下を反転させるには、「軸の書式設定」を変更します。縦軸をダブルクリックすると、「軸の書式設定」ウインドウが右側に表示されるので、「軸のオプション」にある「横軸との交点」を「軸の最大値」に変更。さらに「軸を反転する」にチェックを入れましょう（図7）。これで、縦軸が上から0、1、2、…と並ぶようになります。

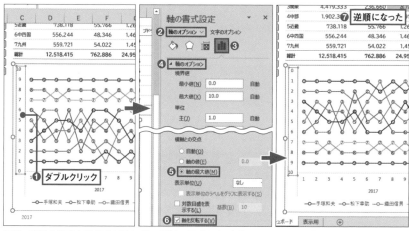

図7　縦軸の順序を逆転させるには、縦軸の目盛りをダブルクリックして「軸の書式設定」ウインドウを開く（❶）。「軸のオプション」にある「横軸との交点」を「軸の最大値」とし、「軸を反転する」にチェックを入れる（❷〜❼）

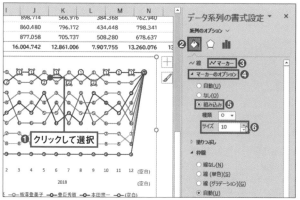

図8　折れ線のいずれかをクリックして選択すると、右側のウインドウが「データ系列の書式設定」に変わる（❶）。「マーカー」の設定にある「マーカーのオプション」で「組み込み」を選ぶと、サイズを変更できるので、重なっているデータラベルが読める大きさまで拡大する（❷〜❻）

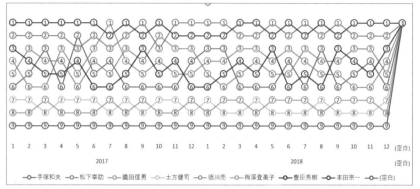

図9　同様にすべての折れ線のマーカーを大きくすると、順位の変遷が一目瞭然になった。そうなれば縦軸の目盛りは不要なので削除。ここでは横軸の罫線なども消してすっきりとした見栄えに調整した

　また、順位を表す「データラベル」の数字が、マーカーと重なり見にくくなっています。このような場合、マーカーのサイズを大きくして、マーカーの中に数字が収まるようにすると見やすくなります。折れ線を1つクリックして選択すると、右側のウインドウが「データ系列の書式設定」に変わるので、「塗りつぶしと線」(バケツのアイコン)をクリックし、「マーカー」の「マーカーのオプション」を開きます。そして「組み込み」を選択すると、マーカーのサイズを大きくできます(図8)。ほかの折れ線についても、同様にマーカーのサイズを大きくしましょう。

　なお、データラベルで順位が分かるようになったら、縦軸の目盛りは不要なので、削除してしまって構いません(図9)。

データのない部分を非表示にする

　ここまでの操作で、ランキングを示すバンプチャートは一応出来上がりました。しかし、よく見るとまだ問題があります。横軸(時間軸)の右端や、

凡例（営業担当者）の右端に、「（空白）」という項目があり、折れ線グラフの右端も、1位のところに線が集まっています（図10）。

　こんなときまず疑ってほしいのは、ファクトテーブルの「データクレンジング」に"漏れ"がないかどうかです。ファクトテーブルである「fTransaction」クエリに、空白や「null」を含む「空白行」が存在すると、こうした現象が生じます。実は本書の事例でも、パワークエリを起動して「fTransaction」クエリを確認すると、余計な「空白行」が存在していることが分かります（図11）。

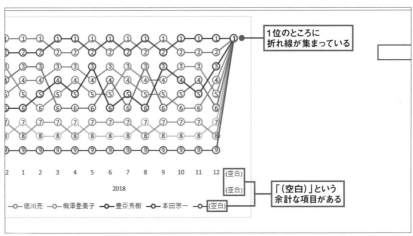

図10　ひとまずバンプチャートは出来上がったが、よく見ると「（空白）」という余計な項目があり、そこでは折れ線が1位に集まってしまっている

	A^B_C アイテム		1²₃ 取引番号		取引日		A^B_C 営業担当
1			null		null		
2	イチゴ		76253		2018/12/31	織田信男
3	イチゴ		空白行		2017/09/08	織田信男
	イチゴ		75260		2018/12/31	織田信男

fx = Table.Sort(削除された列,{{"アイテム", Order.Ascending}})

図11　実は「fTransaction」クエリには、このような「空白行」が存在していた。こうしたデータクレンジングの漏れがあると、適切な分析ができないことがある（図は「Power Query エディター」上で「fTransaction」クエリを「アイテム」の昇順に並べ替えたもの）

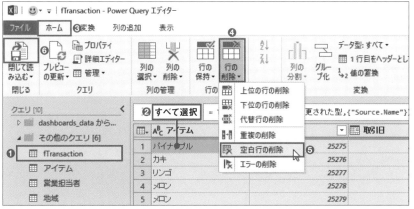

図12　Power Query エディターを起動して「fTransaction」クエリのすべての列を選択（❶❷）。「ホーム」タブにある「行の削除」ボタンをクリックし、「空白行の削除」を選ぶ（❸〜❺）。これで余計な空白行がなくなるので、「閉じて読み込む」ボタンを押して（❻）、Excelに戻る

ワンポイント

パワーピボットで表示されるアイコンの意味

パワーピボットでピボットテーブルやピボットグラフを作成するとき、画面右側の「ピボットテーブルのフィールド」または「ピボットグラフのフィールド」ウインドウには、図Aのようなアイコンが表示されます。その意味は下の通りです。

図A　パワーピボットのアイコン（例）

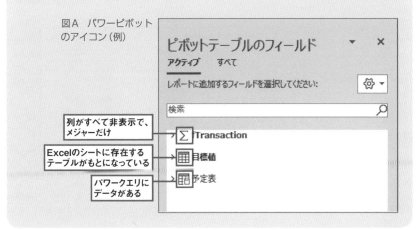

　そこでパワークエリを使い、「空白行の削除」を実行します。ファクトテーブルのすべての列を選択し、「ホーム」タブにある「行の削除」ボタンから「空白行を削除」を選びます（前ページ図12）。これで空白行をなくした"きれ

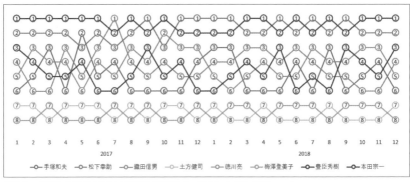

図13　余計な「（空白）」という項目が消えて、完成したバンプチャート

図14　バンプチャートも、作成済みのスライサーやタイムラインと連動して動かせるようにしておこう。グラフを選択して「ピボットグラフ分析」タブにある「フィルターの接続」をクリック（❶❷）。開く画面で必要な「スライサー」や「タイムライン」（ここでは全部）にチェックを入れて「OK」を押す（❸❹）

いなデータ"にでき、意図した通りのグラフになります（図13）[注]。

あとは、このグラフを選択して「ピボットグラフ分析」タブの「フィルターの接続」ボタンを押し、経営ダッシュボード上の「スライサー」や「タイムライン」と連動する設定をすれば、営業担当者別の売上ランキングを示すバンプチャートは完成です（図14）。

ワンポイント

モダンExcel活用に便利なショートカットキー

「働き方改革」が影響してか、最近はExcelの「ショートカットキー」がすこぶる人気です。関連書籍も多数売られています。ここで、モダンExcel活用に便利なショートカットキーを紹介しておきます。

キー	説明
Ctrl + T または Ctrl + L	ベタ打ちの表をテーブルに変換する
Ctrl + * （テンキーのアスタリスク）	テーブルを選択する
F2	クエリ名、適用したステップ名、フィールド名などの名前を変更する
← / →	「Power Queryエディター」でフィールド（列）を移動する
Tab	数式の入力中に表示された候補で、テーブル名や列名などの選択後、確定する
Alt → N → V	ピボットテーブルの作成
Alt → A → P → N → L	「Power Query エディター」の起動
Alt → A → D → M	「Power Pivot」ウインドウの起動

[注] 第1章94ページではディメンションテーブルの「空白行」を削除したが、ファクトテーブル側で「空白行の削除」をすれば、ディメンションテーブルで「空白行の削除」をせずに解決することもある

PART
5

目標値、実績値、達成率を ビジュアル化する

Modern **Excel**

「経営ダッシュボード」で注目させたい「KPI」のようなデータ項目があれば、メーターの形式で示すのも良いアイデアです。メーターにはさまざまなものがありますが、例えば「目標値」と「実績値」を横長の"レベルメーター"で示し、さらに達成率に応じて赤・黄・緑の"信号機"アイコンを表示させる、といったこともモダンExcelなら簡単です。ここでは、図1のようなレベルメーターに信号機を組み合わせたものを作成してみます。

図1　目標に対する達成の度合いをビジュアル化した例（赤枠で拡大した部分）。横長のレベルメーターが目標値（吹き出し内の値）に対する実績値（メーター内の値）の達成度を示す。赤枠内の左上にある日付は達成の目標期限。吹き出しの中には、達成の度合いを赤、黄、緑の色で示す信号機のアイコンも置いた

「目標値」をデータモデルに追加する

　まずは、目標期限の日付と目標値を決めて、データモデルに追加します。今回は「表示用」シートに、目標期限を「2021/12/31」、目標値を

「500,000,000」と入力した表を作成しました。これを、グラフ化や達成率の計算で使うため、経営ダッシュボードのデータモデルに追加します。具体的には、表を範囲選択し、「Power Pivot」タブの「データモデルに追加」ボタンをクリック（図2）。「テーブルの作成」画面が開いたら、「先頭行をテーブルの見出しとして使用する」にチェックを付けて「OK」を押します。すると、パワーピボットの編集画面が起動し、新しいテーブルが挿入されるので、テーブル名を「目標値」に変更しておきます（次ページ図3）。

なお、「目標値」テーブルと、実績を示す「fTransaction」テーブルの間で、リレーションシップを取る必要はありません。なぜなら、中期経営計画のよ

図2 「表示用」シートの適当な場所（ここではA24〜B25セル）に、目標期限と目標値を入力する。1行目に見出し、2行目にその日付と金額を入れよう（❶）。この表を範囲選択して「Power Pivot」タブの「データモデルに追加」ボタンをクリック（❷❸）。開く画面で「先頭行を…」にチェックを入れて「OK」を押す（❹❺）

うな目標値は、固定値であり変化するものではないからです。

　続いて、この「目標値」と「純売上」の実績値を比較できる表を作成します。これも「表示用」シートに作りますが、作成にはピボットテーブルを利用します。「挿入」タブの「ピボットテーブル」ボタンを押し[注1]、「表示用」シートの適当な場所を指定したら、「値」に「純売上」メジャーと、先ほどデータモデルに追加した「目標値」テーブルの「目標値」を指定してください（図4）。

　ピボットテーブルができたら、この表を使って、図1のような横長のレベルメーターを作成します。ただし、その前にセルの表示形式を変更して「500M」（「M」はMillion=100万の意。500M＝5億）のように表示させておきましょう。「純売上」や「目標値」をデータラベルとして表示させるときに、ひと目で分かる簡潔な表示にするためです。

　「500M」のような表示にするには、セルの表示形式を「ユーザー定義」で指定します。設定画面の「種類」欄に「#,##0,,"M"」のように入力してください（図5）。「#,##0」は3桁区切りの指定方法ですが、これに続けて

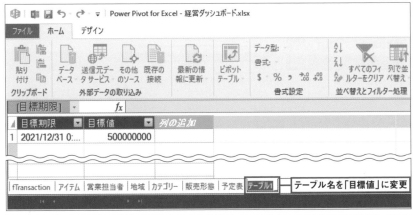

図3　表のデータがパワーピボットに取り込まれるので、テーブル名を「目標値」に変更する。なお、テーブルを作成したときにテーブル名を「目標値」としておけば、パワーピボット上でも「目標値」というテーブル名になるため、この操作は不要になる

[注1] 最新版のExcel では、「ピボットテーブル」ボタンの下半分をクリックし、「データモデルから」を選択する（215ページ「ワンポイント」参照）

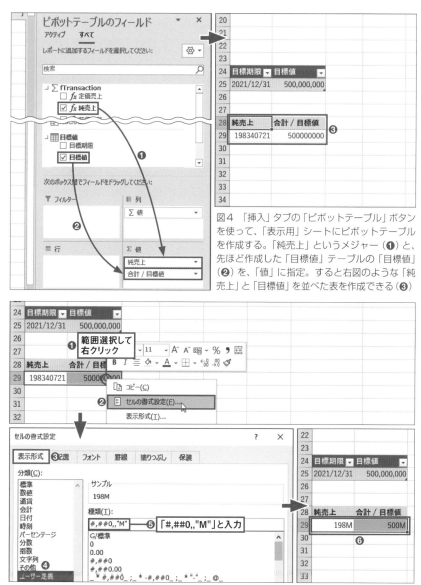

図4 「挿入」タブの「ピボットテーブル」ボタンを使って、「表示用」シートにピボットテーブルを作成する。「純売上」というメジャー（❶）と、先ほど作成した「目標値」テーブルの「目標値」（❷）を、「値」に指定。すると右図のような「純売上」と「目標値」を並べた表を作成できる（❸）

図5 「純売上」と「目標値」の数字を「500M」という百万単位の表記に変えるには、セルを範囲選択して右クリックし「セルの書式設定」を選ぶ（❶❷）。開く画面の「表示形式」タブにある「分類」欄で「ユーザー定義」を選び（❸❹）、「種類」の入力欄に「#,##0,,"M"」と入力する（❺）。「OK」を押すと、100万未満の桁が省略され「M」付きで値が表示される（❻）

「,,」のようにコンマを2つ続けると、3桁区切りのコンマ2個分、すなわち100万単位未満を省略した表示にできます。さらに「"M"」と末尾に付けることで、100万を意味する「M」という文字を値に付けて表示できます。

横棒グラフを組み合わせて「レベルメーター」にする

　「純売上」と「目標値」を示す表が出来上がったら、これをもとにピボットグラフを作成し、レベルメーターを表示させます（図6）。ポイントは、グラフの種類に「組み合わせ」を選ぶこと（図7）。そして、「純売上」「目標値」ともに「集合横棒」にして、「純売上」だけを第2軸に指定します。こうすることで、2つの横棒をぴったり重ねて配置でき、目標値のどこまで純売上が達しているかをレベルメーターのように表現できます。

　ただし、第1軸と第2軸の目盛りの大きさが異なると、レベルメーターを

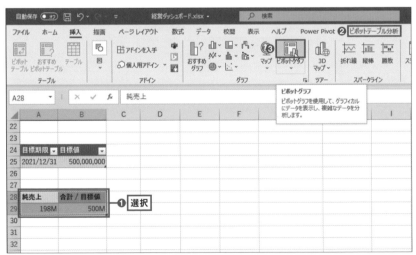

図6　「純売上」と「目標値」のピボットテーブルを選択し（❶）、「ピボットテーブル分析」タブにある「ピボットグラフ」ボタンの上半分をクリック（❷❸）

正しく表現できないので注意が必要です。図の例では、目標値が500M＝500百万＝5億なので、ともに最小値が0、最大値が500Mになるように、横軸の目盛りを設定しています。最大値は余裕を持たせてもよいでしょう。

　まず、上側の第2軸を右クリックして「軸の書式設定」を選択（図8）。画

図7　開く「グラフの挿入」画面で、グラフの種類から「組み合わせ」を選ぶ（❶）。そして「純売上」「目標値」ともに「集合横棒」にして（❷）、「純売上」だけを「第2軸」に指定する（❸）

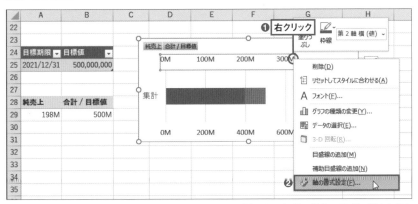

図8　2本の横棒グラフが重なって、レベルメーターっぽくはなったが、横軸の目盛りが第1軸と第2軸で異なっている。両者をそろえるには、まず上側にある第2軸の目盛りを右クリックして「軸の書式設定」を選ぶ（❶❷）

面右側に設定画面が開いたら、「軸のオプション」にある「最小値」と「最大値」をそれぞれ「0」「500000000」(5億)と指定します(図9)。

続けて、下側にある第1軸の目盛りをクリックすると、右側の設定画面が第1軸のものに変わるので、「最小値」と「最大値」を第2軸と同じ値に指定します(図10)。これで2つの横棒グラフの目盛りがそろい、目標値に対する純売上の比率を正しく表現できます。

具体的な数字でも分かるように、グラフに「データラベル」を追加しましょう。グラフエリアを選択した状態で右上の「+」ボタンを押し、「データラベル」の「▶」から「中央揃え」を選択(図11)。データラベルが表示されたら、

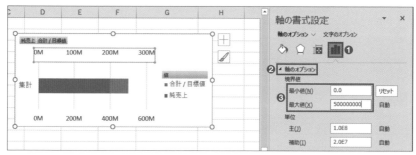

図9　画面右側に設定画面が開くので、「軸のオプション」にある「最小値」と「最大値」をそれぞれ「0」「500000000」と入力(❶~❸)。確定すると、「500000000」は「5.0E8」という指数表記に変わるが、これは「5の後ろに0が8つ」の意味で「5億」のこと

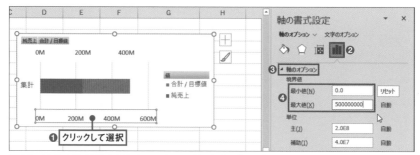

図10　続けて下側の第1軸をクリックして選択(❶)。「軸の書式設定」画面が第1軸のものに変わるので、「最小値」と「最大値」をそれぞれ「0」「500000000」と入力(❷~❹)

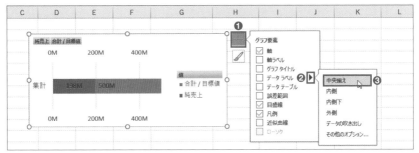

図11　上下の目盛りがそろって「目標値」と「純売上」の比率が正しくなった。さらに右上の「+」ボタンを押して「データラベル」の「▶」をクリックし、「中央揃え」を選択（❶～❸）。棒の中央にデータラベルを表示させる

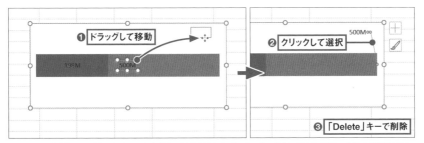

図12　目標値はレベルメーターの右上に表示させたいので、データラベルをドラッグして移動（❶）。既定では引き出し線が表示されるが今回は不要なので、クリックして選択し（❷）、「Delete」キーで引き出し線を削除する（❸）

目標値を示す「500M」というラベルはグラフの右上に移動します（図12）。すると、標準では引き出し線が現れますが、今回は不要なので削除します。

そのほか、データラベルの数字がより見やすくなるように、棒の塗りつぶしの色を変えたり、余計な数値軸や目盛線なども消して、すっきりと見やすいレベルメーターに仕上げましょう。

「経営ダッシュボード」に移動してレイアウトを調整

ある程度グラフの見栄えが整ったら、これを「経営ダッシュボード」シー

トに移動します（図13）。ダッシュボードのレイアウトや全体の見た目に合わせて、改めて、全体のサイズや文字の大きさを調整してください。

　ここでは、右上に移動した「500M」というデータラベルが、メーター右端の「目標値」を示すものだと分かるように、吹き出しで飾ります。それには、データラベルをクリックして選択し、「書式」タブの「図形の変更」ボタンから「吹き出し」を選択します（図14）。データラベルが吹き出しの図形に変わるので、枠線の色や太さ、サイズを調整し、吹き出しの先の部分をメーターの右端に合わせてください（図15）。

　なお、データラベルがグラフエリアの端にあると、吹き出しのサイズを大きくできないことがあるので、その場合はグラフエリアの内側に動かしてからサイズ変更するとうまくいきます。

図13　「目標値」の横棒は「塗りつぶしなし」にして枠線をやや太めに設定。その枠線の色と「純売上」の棒の色を同じにすると、空っぽのゲージがだんだん満たされていくイメージとなり、よりレベルメーターらしくなる（❶）。完成したら、「デザイン」タブの「グラフの移動」ボタンを使い、「経営ダッシュボード」シートに移動しよう（❷～❺）

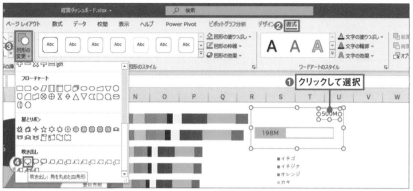

図14　目標値の「500M」というデータラベルを吹き出しで囲みたい。それにはラベルをクリックして選択し（❶）、「書式」タブにある「図形の変更」ボタンから「吹き出し」を選ぶ（❷～❹）

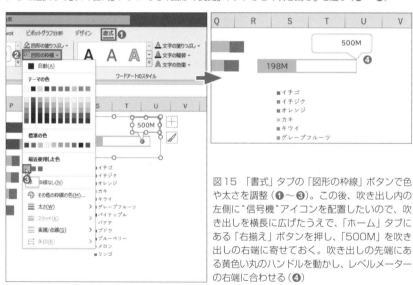

図15　「書式」タブの「図形の枠線」ボタンで色や太さを調整（❶～❸）。この後、吹き出し内の左側に"信号機"アイコンを配置したいので、吹き出しを横長に広げたうえで、「ホーム」タブにある「右揃え」ボタンを押し、「500M」を吹き出しの右側に寄せておく。吹き出しの先端にある黄色い丸のハンドルを動かし、レベルメーターの右端に合わせる（❹）

メジャーを作成して「達成率」を求める

　ここではさらに、「達成率」に応じた赤・黄・緑の"信号機"アイコンを表示させる仕掛けを作って、レベルメーターの吹き出しに添えることにします。

また「目標期限」の日付も表示させましょう（図16）。

「達成率」はパワーピボットの「メジャー」を作成して計算します。一般に達成率は、「純売上÷目標値」という数式で求められます。このうち、割られる数に当たる「純売上」は、次のようなメジャーを定義済みです（141ページ参照）。

純売上 :=SUM('fTransaction' [純売上高])

従って、ここでは分母に当たる「目標値」を定義し、「純売上÷目標値」のように計算すればよいことになります。

もちろん「目標値」をメジャーとして定義してから、さらに [純売上] / [目標値] のように「達成率」を計算してもよいのですが、次の2つの理由から、今回は図17のように「VAR」（variable、変数の意）というDAXの命令文（ステートメント）と、「DIVIDE」というDAX関数を使うことにしました[注]。

第1の理由は、「目標値」という数式が1つ増えてしまう点です。ほかに使う当てがないのであれば、「VAR」を用いて変数を活用し、数式をひとまとめにしておくほうが効率的ですし、DAX式の可読性を高められます。

第2の理由は、演算子「/」（スラッシュ）を使う「単なる割り算」では、計算処理が遅くなるなどの問題があるためです。分母が式となる割り算にはDIVIDE関数を使うのがDAXのお作法でもあります。

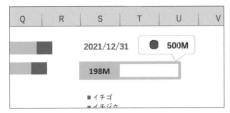

図16 「達成率」に応じた赤・黄・緑の"信号機"アイコンを吹き出しの中に追加し、現況がひと目で分かるようにしたい。「目標期限」の日付も表示させよう

[注]「VAR」ステートメントはExcel 2016以降で使用できる。Excel 2013の場合、VARを使わずに通常のメジャーを作成すれば、ここで紹介する事例には対応可能だ

図17のメジャーを見ると、1行目に

VAR Target = SUM('目標値'[目標値])

とあります。「VAR」のすぐ後ろにある「Target」は、変数名です。変数
（variable）とは、中学1年の数学で習う「$y=ax$」の「x」のことです。aが定
数（決まった数という意）で、xという変数に応じて、yが変化することをこ
の数式は意味していたのを思い出してください。

　ここでいう変数は、プログラミング用語の一つでもあり、「データの入れ物」
くらいに覚えておけばよいでしょう。この入れ物に付けた名前が「Target」
というわけです。その中身が、ここでは「SUM('目標値'[目標値])」という
数式になります。

　つまり図17の1行目は、「『Target』という変数（入れ物）に、『SUM('目
標値'[目標値])』という数式（の結果）を入れる」——このように変数を定義（宣
言）しているのです。

図17　「Power Pivot」タブの「メジャー」ボタンから「新しいメジャー」を選択し、テーブル名で
「fTransaction」を選択（❶）、メジャー名は「達成率」と入力し（❷）、図のような式を作成する（❸）

これ以降、このメジャーの中で「Target」と書けば「SUM('目標値'[目標値])」の意味になります。何度も何度も同じ数式を書くよりも、「Target」とだけ書けばよいというのは便利で、パフォーマンスも高められます。本書ではごく簡単なDAXしか紹介していませんが、何行にも及ぶメジャーを書くようになると、「VAR」による変数の定義は大活躍します。

なお、変数名に日本語は使えません。そのため英語で「Target」としました。

また、当初この変数名を「目標」を意味する英語の「Goal」にしようとしましたが、エラーとなってうまくいきませんでした。これは、「Goal」という単語が、マイクロソフト側で定義済みの「予約キーワード（予約語）」のため、同じ単語は使えないという制約があったからです。

ワンポイント

「テーブル間のリレーションシップが必要である可能性」

本書の「経営ダッシュボード」の事例では、目標値と実績値を比較するレベルメーターを表示するために設けたピボットグラフを選択すると、「テーブル間のリレーションシップが必要である可能性があります。」と注意が表示されることがあります。その場合、通常は「リレーションシップ」を確認する必要があります。しかし今回は、中期経営計画のような固定値の目標値であるため、特にリレーションシップを必要としていません。しかも、このピボットグラフが示す結果表示にも問題がありません（図A）。

図A　このような注意喚起が表示された場合、リレーションシップを確認する必要がある。ただし、固定値である目標値のような場合、特にリレーションシップを必要としないので、無視して構わない

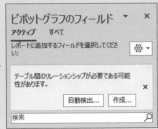

続いて、239ページ図17の「達成率」メジャーの2行目をご覧ください。

RETURN DIVIDE([純売上], Target)

とあります。この「RETURN」というDAXの命令文は、その後ろに記述した内容を、メジャーの計算結果として返す働きをします。ここでは、DIVIDE関数の数式を記述しているので、その結果を返すわけです。なお、「VAR」と「RETURN」はセットで使います。

DIVIDEは、第1引数を第2引数で割り算した結果を求めるDAX関数です。この第2引数として、先ほどの「Target」が再登場します。つまり「達成率」メジャーの2行目は、「『純売上』を『Target』で割り算（DIVIDE）し、その計算結果をメジャーの答えとして返す（RETURN）」という意味になります。

「KPI」の機能を使って"信号機"を表示する

こうして「達成率」を計算するメジャーができたら、この結果を分かりやすく表現する 赤・黄・緑の"信号機"のアイコンを表示させましょう。従来のExcelでおなじみの「条件付き書式」を使う方法もありますが、ここでは「Power Pivot」タブにある「KPI」のメニューを使って作成します（次ページ図18）。

「KPI」ボタンをクリックし「新しいKPI」を選ぶと、「主要業績評価指標（KPI）」画面が開きます（図19）。「KPIベースフィールド（値）」欄の「▼」をクリックすると、作成済みのメジャーがリスト表示されるので、先ほど作成した「達成率」メジャーを選択します。「対象の値の定義」欄では「絶対値」を選び、「1」（100%の意）を入力します。

「状態のしきい値の定義」欄で「達成率」のしきい値（境界となる値）を決

めますが、これはバーにある色の境目の上のボックスに、数値を入力して指定します。ここでは50%（0.5）に未達であれば赤色、これを超えれば黄色、100%（1）に達したら緑、という3色で色分けしました。このしきい値に対する考え方はいろいろあると思いますので、適宜設定してください。

なお、KPIの色分けの仕方は、今回のような3区分のほか、5区分のものもあります。バーの右下にそのサンプルが表示されていて、クリックすると

図18 「Power Pivot」タブの「KPI」ボタンをクリックし（**❶❷**）、メニューから「新しいKPI」を選ぶ（**❸**）

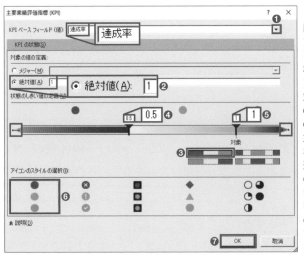

図19 「KPIベースフィールド（値）」欄で「▼」をクリックし「達成率」メジャーを選択（**❶**）。「対象の値の定義」欄で「絶対値」を選び「1」（100%の意）を入力（**❷**）。「状態のしきい値の定義」欄で、左から赤・黄・緑の順番で3区分になるスタイルを選択（**❸**）。色の境目の上のボックスに適当な「しきい値」（境界となる値）を入力（**❹❺**）。アイコンのスタイルは左端のシンプルな表示を選択（**❻**）。「OK」を押す（**❼**）

選択できます。アイコンもいくつか種類があります。

　また、しきい値が非常に近接している場合、しきい値同士が重なり合ってしまい見づらくなることがあります。そのときは、バーの左端と右端にある矢印を左右に動かすと、バーを伸ばしたり縮めたりして表示間隔を変えられます。しきい値は、しきい値の入ったボックスのすぐ下にある黒いT字形のハンドルをドラッグして動かすことでも変更できます。

　図19の設定が済むと、「達成率」というKPIが信号機のアイコンとともに「ピボットテーブルのフィールド」に現れます（図20）。この「達成率」の「値

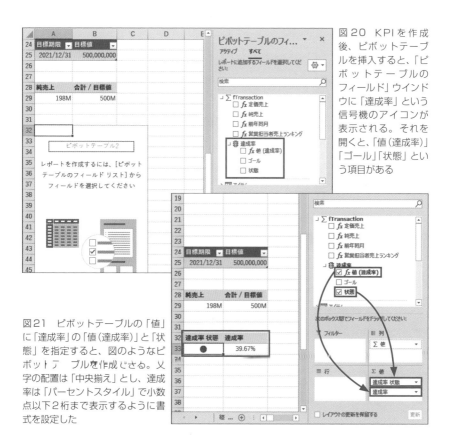

図20　KPIを作成後、ピボットテーブルを挿入すると、「ピボットテーブルのフィールド」ウインドウに「達成率」という信号機のアイコンが表示される。それを開くと、「値（達成率）」「ゴール」「状態」という項目がある

図21　ピボットテーブルの「値」に「達成率」の「値（達成率）」と「状態」を指定すると、図のようなピボットテーブルを作成できる。文字の配置は「中央揃え」とし、達成率は「パーセントスタイル」で小数点以下2桁まで表示するように書式を設定した

（達成率）」と「状態」をピボットテーブルの「値」に指定すると、信号機の色
で達成の度合いを示す表が出来上がります（前ページ図21）。

　この信号機のアイコンを「経営ダッシュボード」シートに表示させるには、
ピボットテーブルのセルを「コピー」して、「リンクされた図」として貼り付
けます（図22）。これでアイコンを表示できますが、そのままではセルの枠
線も表示されてしまいます。これを消すには、「図形の書式」タブにある「ト

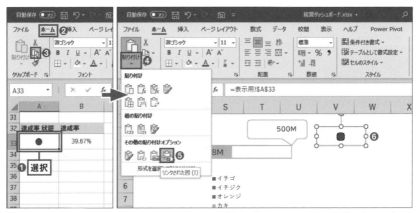

図22　信号機のアイコンが表示されたセルを選択し（❶）、「ホーム」タブにある「コピー」ボタン
をクリック（❷❸）。「経営ダッシュボード」シートに切り替え、「貼り付け」ボタンから「リンクされ
た図」を選ぶ（❹❺）。するとセルの見た目が図（画像）としてシートに貼り付けられる（❻）

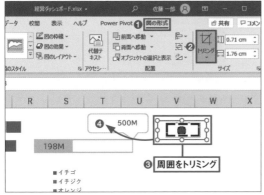

図23　周囲に表示された枠線を消
すには、図が選択された状態で「図
の形式」タブにある「トリミング」
ボタンをクリック（❶❷）。図の周
囲に表示された黒い太線をドラッ
グして内側に入れる（❸）。枠線を
トリミングできたら、いったんほ
かの場所をクリックして図を確定。
図の内部をドラッグして吹き出し
の中に移動する（❹）

リミング」ボタンをクリックし、アイコンだけ残るようにトリミングするのが簡単です（図23）。ほかの消し方として、「表示用」シートの「目盛線」を消したうえで、アイコン上端の罫線を「なし」にする方法もあります。

　信号機アイコンだけが残ったら、ドラッグして吹き出しの中に移動します。

「目標期限」をテキストボックスに表示する

　最後に、「表示用」シートに入力した「目標期限」の日付を、「経営ダッシュボード」シートに表示させます。これも「リンクされた図」として貼り付ける方法が使えますが、元のセルに塗りつぶしなどの書式が設定されていると、見栄えの調整が面倒です。

　そこで、別の方法を紹介します。枠線も塗りつぶしもない"透明"な「テキストボックス」を作成し、そこにセルの値を表示させるテクニックです。

　まずは「表示用」シートで、目標期限の日付が入力されたセルの位置（アドレス）を確認してください（図24）。図の例では「A25」セルです。

　続いて、「挿入」タブにある「図形」ボタンのメニューから「テキストボックス」を選択。「経営ダッシュボード」シートの適当な場所をクリックします。

図24　「表示用」シートの「A25」セルにある目標期限を、「経営ダッシュボード」シートに転記したい。セルの位置（アドレス）を確認しておこう

245

この「クリック」するところがポイントです。テキストボックスの作成時、ドラッグすると枠線付きのテキストボックスになりますが、クリックすると枠線なしの透明なテキストボックスになります。

　テキストボックスが挿入されたら、その中には何も入力せずに、「数式バー」をクリックして選択。「＝表示用！A25」のように、「表示用」シートのA25セルを参照する数式を入れて「Enter」キーを押します。すると、このセルの値（「2021/12/31」という日付）が、そのままテキストボックスに表示されます（図25）[注2]。

　「リンクされた図」として貼り付けると、セルの見た目がそのまま図になりますが、この方法なら、セルの値だけをテキストボックスに表示させ、自由にレイアウトや書式設定ができるので便利です。あとは文字サイズや色などを調整すれば完成です。

　これで、目標値や達成率、達成状況、目標期限などがひと目で分かるレベルメーターを作成・表示できます。

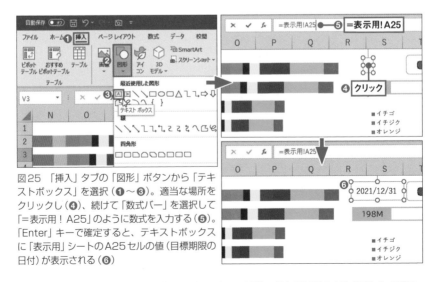

図25　「挿入」タブの「図形」ボタンから「テキストボックス」を選択（❶〜❸）。適当な場所をクリックし（❹）、続けて「数式バー」を選択して「＝表示用！A25」のように数式を入力する（❺）。「Enter」キーで確定すると、テキストボックスに「表示用」シートのA25セルの値（目標期限の日付）が表示される（❻）

[注2] データモデルからピボットテーブルを作成し、クリック操作で指定する方法もある（250ページ「ワンポイント」参照）

注目すべきKPIを「カードビジュアル」風に表示する

本格的にデータを可視化するBI（ビジネスインテリジェンス）ツールには「カードビジュアル」という機能があります。重要な指標となる数値を、1枚のカードのような視覚的に目立つ形で大きく表示するものです。

Excelでは、先ほど説明した「テキストボックス」を使って、注目させたいKPIを「カードビジュアル」風に表示させることができます（図26）。

ここでは、「純売上」のカードビジュアルを作成してみましょう。まずは「表示用」シートに「純売上」を表示させます。「純売上」というメジャーを使って、ピボットテーブルを作成すればOKです。ここでは、B37セルに表示させました（次ページ図27）。

次に、「経営ダッシュボード」のシートに「テキストボックス」を挿入します。挿入されたら、先ほどと同様、数式バーに「＝表示用！B37」のように「純売上」のB37セルを参照する式を入力し、「Enter」キーを押します（図28、

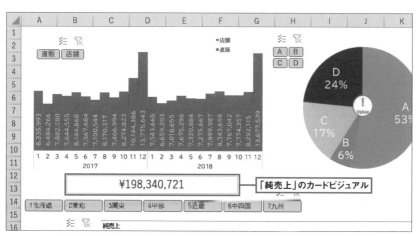

図26 「純売上」などの重要な指標は、カード風のデザインで数値を示す「カードビジュアル」にするとよい。Excelでは「テキストボックス」を利用したテクニックで実現できる

図29）。すると純売上の金額が表示されるので、適宜、文字の配置やサイ
ズなどを調整します。

　最後に、スライサーやタイムラインの操作でカード（テキストボックス）

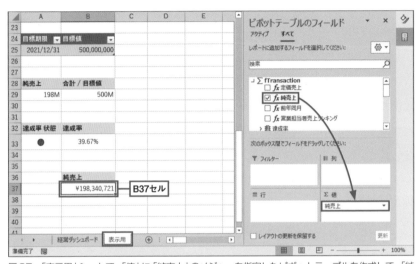

図27　「表示用」シートで、「値」に「純売上」のメジャーを指定したピボットテーブルを作成して、「純売上」を計算。ここではB37セルに表示させた。カードビジュアルにしたときに分かりやすいように、「¥」付きの通貨スタイルを設定した

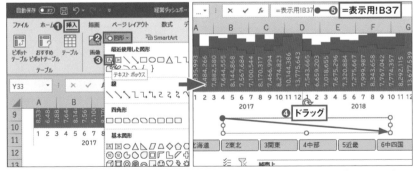

図28　「経営ダッシュボード」シートを表示し、「挿入」タブの「図形」ボタンから「テキストボックス」を選択（❶～❸）。今回はカード風にしたいので、斜めにドラッグして枠線付きのテキストボックスを作成する（❹）。続けて、数式バーに「＝表示用！B37」のように「純売上」のセルを参照する式を入力（❺）。「Enter」キーで確定する

の表示が切り替わるように、「表示用」シートにある「純売上」のピボットテーブルで「フィルターの接続」を設定します（図30）。ここではすべてのフィルターと連動するように設定しました。

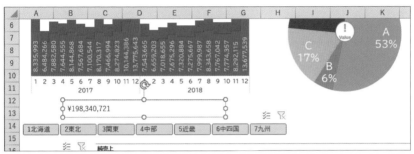

図29　「純売上」の数値が表示されたら、文字の配置やサイズなどを見やすく調整しよう

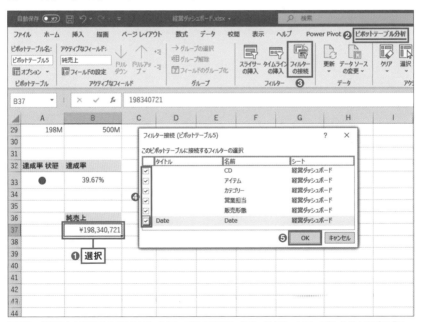

図30　「純売上」を表示させたピボットテーブルを選択し（❶）、「ピボットテーブル分析」タブの「フィルターの接続」ボタンをクリック（❷❸）。経営ダッシュボードに配置したスライサーやタイムラインのすべてを選択し（❹）、「OK」を押す（❺）

ワンポイント

テキストボックスをワンクリックでセルにリンクさせる

248ページ図28では、テキストボックスにセルの値を表示させるために、数式バーに「=表示用！B37」という式を手入力しました。通常のセルなら、「=」を入力した後にセルをクリックするだけで指定できるのですが、ピボットテーブル内のセルの場合、既定では「GETPIVOTDATA」関数の式が入力されて、エラーが表示されるからです。ピボットテーブル内のセルもクリックで指定したければ、「GetPivotDataの生成」というオプションを解除します（図A）。すると、「=」を入力してセルをクリックするだけで「=表示用！B37」のように入力できるようになります（図B）。

テーブル内のセルも、テキストボックスからはクリックでセルを指定できません。データモデルに追加していれば、パワーピボットでピボットテーブルを作成し、そのピボットテーブルのセルをクリックして指定できます。

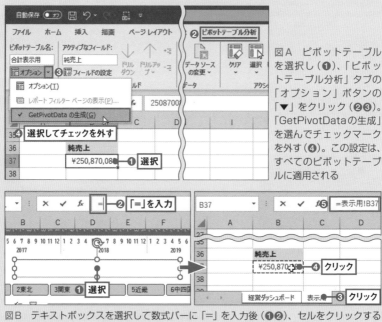

図A　ピボットテーブルを選択し（❶）、「ピボットテーブル分析」タブの「オプション」ボタンの「▼」をクリック（❷❸）。「GetPivotDataの生成」を選んでチェックマークを外す（❹）。この設定は、すべてのピボットテーブルに適用される

図B　テキストボックスを選択して数式バーに「=」を入力後（❶❷）、セルをクリックするだけで参照式を入力できる（❸～❺）

時系列で売り上げの推移を見るとき、それが増加傾向にあるのか減少傾向にあるのか、単月の増減のみならず全体の傾向として把握したい場合、「移動平均」グラフを作るのは常套手段です。Excelには、グラフに移動平均線を追加する機能があり、ピボットグラフでも当然利用できます。これも、経営ダッシュボードで活用できる便利な機能です。

ここでは、「純売上」「定価売上」「前年同月」という3つのメジャーを折れ線グラフにしたうえで、「純売上」の3カ月移動平均線を追加したいと思います。まずは3つのメジャーから折れ線グラフを作成しましょう（図1）。

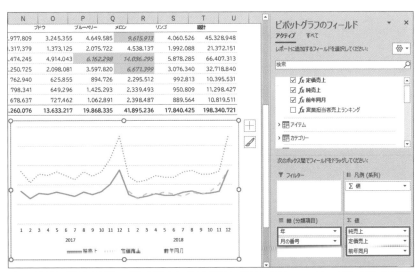

図1　「軸」に「予定表」テーブルの「年」と「月の番号」、「値」に「fTransaction」テーブルの「純売上」「定価売上」「前年同月」という3つのメジャーを配置し、折れ線のピボットグラフを作成した。「定価売上」と「前年同月」は破線に変更したほか、書式を適宜変更して、見やすく表現している

「挿入」タブの「ピボットグラフ」ボタンをクリックし、開く画面で「OK」
を押したら、「ピボットグラフのフィールド」ウインドウで、「軸」に「年」と
「月の番号」、「値」に「純売上」「定価売上」「前年同月」という3つのメジャー
を設定します。すると既定では集合縦棒グラフになるので、「デザイン」タ
ブの「グラフの種類の変更」ボタンから「折れ線」に変更してください。折れ
線に関する細かい書式の設定方法は割愛しますが、ここでは「純売上」だけ
を実線にして、そのほかは破線にすることで、「純売上」がより目立つよう
にしています。「前年同月」の折れ線は、前年のデータがない2017年のと
ころには表示されていません。

「近似曲線の追加」で移動平均線を追加する

この「純売上」の折れ線グラフに移動平均線を追加するには、右上の「＋」
ボタンを押し、「近似曲線」の「▶」をクリックして「その他のオプション」を
選びます（図2）。データ系列が一覧表示されるので、移動平均線を加えたい

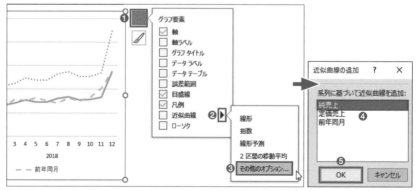

図2　ピボットグラフ右上の「＋」ボタンを押して「近似曲線」の「▶」をクリック（❶❷）。「その他
のオプション」を選ぶ（❸）。すると系列名が一覧表示されるので、移動平均線を追加したい「純売上」
を選択して「OK」を押す（❹❺）

「純売上」を選択して「OK」を押します。右側に「近似曲線の書式設定」画面が開き、「近似曲線のオプション」が表示されるので、「移動平均」を選択。「区間」を「3」と指定すれば、3カ月の移動平均線を追加できます（図3）。線の色を赤くするなど、適宜、書式を設定して見やすくするとよいでしょう（図4）。

こうして出来上がったグラフをもとに、純売上の月次推移と3カ月移動平

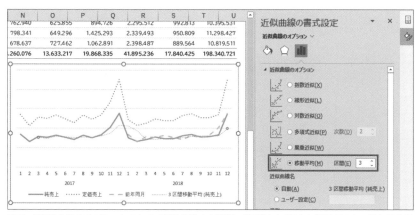

図3　「近似曲線のオプション」から「移動平均」を選択。「区間」を「3」と指定すると、3カ月の移動平均線が破線で追加される

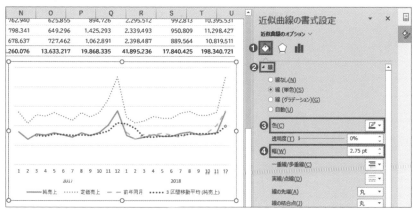

図4　「塗りつぶしと線」ボタン（❶）を押すと線の色や太さ（幅）などを変更できるので、見やすくなるように工夫しよう（❷～❹）

均を比較すれば、特異点を見いだすことが可能となり、戦略立案等に生かすことができます。

ちなみに、移動平均線は標準で「3区間移動平均（純売上）」のように表示されますが、名称の変更も行えます。前ページ図3の「近似曲線のオプション」にある「移動平均」の項目の下に「近似曲線名」とあり、既定では「自動」が選択されています。その下の「ユーザー設定」を選択後、右側のボックスに任意の名称を入力すれば移動平均線の名称を変更できます。

当年のデータがなければ、前年同月も表示しない

以上で移動平均グラフは完成ですが、ここで利用している「前年同月」というメジャーについて、補足しておきます。

「前年同月」は148ページで作成したメジャーで、文字通り、前年同月の純売上を計算するものです。このようなメジャーを使うときに注意したいのは、当年のデータがない状態で、前年のデータを計算する点です。

試しに、先ほど作成した折れ線グラフの期間を、2019年まで延ばしてみたのが図5です。本書の「経営ダッシュボード」は、これまでのステップ

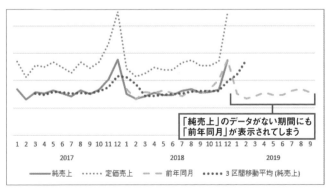

図5 試しにグラフの期間を延ばしてみると、「純売上」のデータがない部分にも「前年同月」だけ表示されてしまう。前年のデータが存在するためであるが、これでは冗長なので非表示にしたいところだ

で2017年と2018年のデータにフォルダー接続していますが、それ以外のデータは取り込んでいない状態です。そのため、「純売上」と「定価売上」については2018年までしか表示されません。ところが、「前年同月」については2019年の部分にも表示されています。前年である2018年のデータが存在するため、「前年同月」を計算し、表示するのです。

当年のデータがないのに、それと比較するための前年のデータを計算・表示するのは、前年のトレンドを見るという側面がある一方、冗長になります。ここではDAX式を記述し簡潔なグラフにしてみます[注1]。

まず、見せたい日付に対応するデータだけを可視化する「可視日付調整」メジャーを作成します。238ページで紹介した「VAR～RETURN」構文、217ページの「ALL」というDAX関数のほか、Excel同様の「MIN」「MAX」

ワンポイント

Excel画面右側のウインドウ（設定画面）を切り替える

　Excelの「データ」タブにある「クエリと接続」ボタンを押すと、画面右側にパワークエリの「クエリと接続」ウインドウが開きます。またピボットテーブルやピボットグラフの作成時や選択時には、パワーピボットの「ピボットテーブルのフィールド」または「ピボットグラフのフィールド」ウインドウが開きます。これらの設定画面を同時に開いた場合、1つずつしか表示されませんが、画面右端に並ぶアイコンをクリックすることで、表示を切り替えることができます。グラフ要素の書式設定画面なども同様です（図A）。

図A　Excelの画面右側に表示される各種の設定画面は、右端に並ぶアイコンをクリックして選択することで、切り替えて表示できる

［注1］260ページで後述する「日付テーブル」の「範囲を更新」で表示期間を限定するという対処法もある。DAXに慣れないうちはこの方法でもよい

というDAX関数も使います（図6）。次に、148ページで作成した「前年同月」メジャーを編集して「IF」関数を追加（図7）。第1引数に先ほどの「可視日付調整」メジャー、第2引数に元の「前年同月」の式を組み込みます。これで、図5のような余計な部分のないスッキリしたグラフ表示にできます。

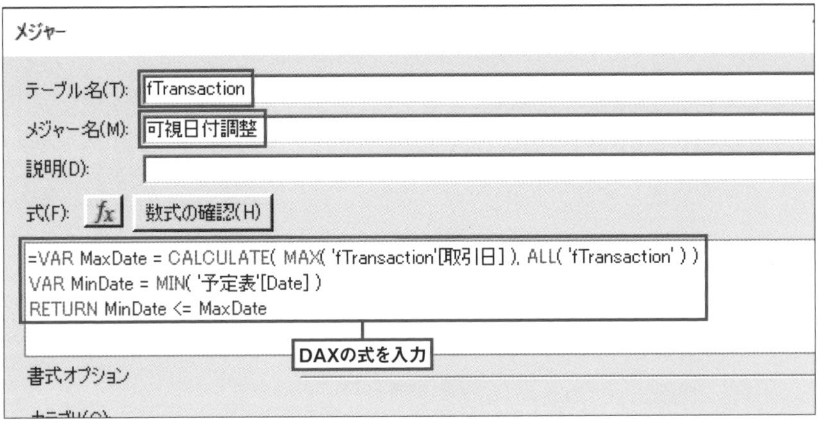

図6 「可視日付調整」メジャーを作成する。最小値を表すMIN関数と最大値を表すMAX関数で、始まりと終わりをカレンダーテーブルの日付列（ '予定表' [Date]）とファクトテーブルの日付列（ 'fTransaction' [取引日]）で比較計算し、データのある日付のみを表示する[注2]

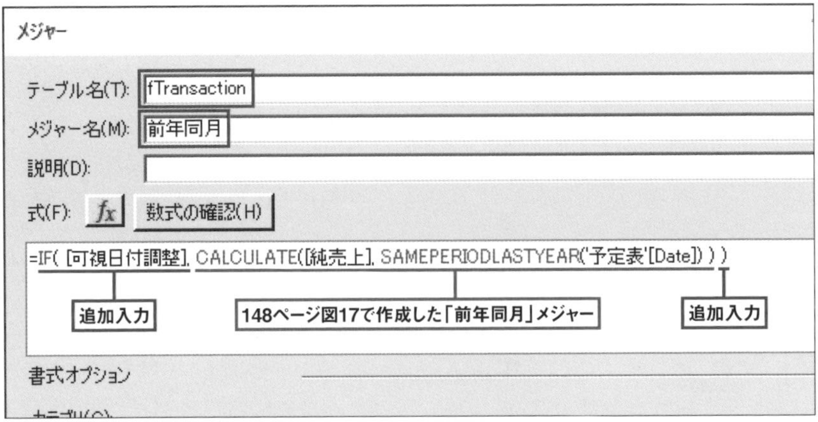

図7 148ページで作成した「前年同月」メジャーにIF関数を追加する。第1引数に図6の「可視日付調整」メジャーを、第2引数に元の「前年同月」メジャーを組み込む

[注2]「可視日付調整」メジャーは計算過程で用いるだけの「中間メジャー」なので非表示とする（153ページ以降参照）

第**4**章 最新データへ更新し、
新たな洞察を得る

フォルダーにデータを
追加して更新する

Modern **Excel**

第3章までの作業で、本書の「経営ダッシュボード」はひと通り完成しました。ダッシュボード上に配置したスライサーやタイムラインを操作すると、すぐさまデータが絞り込まれて、さまざまな視点から分析できるようになることを確認してみてください。

しかし、それだけではありません。本書の冒頭で述べた通り、日々追加されるデータを、瞬時にダッシュボードに反映させられる点こそ、「モダンExcel」の真骨頂です。「フォルダー接続」を設定したフォルダーに新しいデータを追加すれば、「更新」ボタンを押すだけで、最新の情報をダッシュボードに反映し表示できます。

フォルダーに新たなデータを追加する

実際にやってみましょう。本書では、「Sample」フォルダーの中にある「dashboards_data」フォルダーに、「2017.txt」「2018.txt」という販売

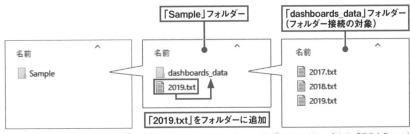

図1　フォルダー接続を設定した「dashboards_data」フォルダーに、サンプルの「2019.txt」を新たに追加する

データのファイルを保存し、これを「パワークエリ」に取り込んで「経営ダッシュボード」を作成しています。「Sample」フォルダーの場所は、お使いのパソコンの中でご確認ください（83ページ参照）。

「Sample」フォルダーの中には、「2019.txt」という2019年の販売データのファイルがあります。本書ではこれまで利用していなかったファイルです。これを新たなデータとして、「dashboards_data」フォルダーに追加します（図1）。

フォルダーにファイルを追加できたら、「経営ダッシュボード」を表示して、「データ」タブにある「すべて更新」ボタンをクリックします（図2）。すると、データの取り込みが開始され、自動的に2019年のデータが反映されます。

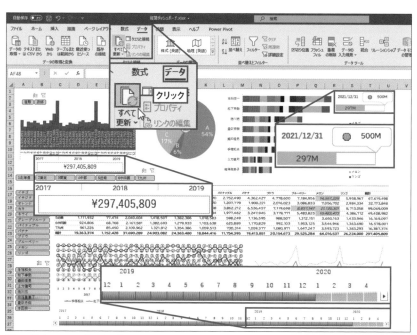

図2　「データ」タブにある「すべて更新」ボタンをクリックすると、経営ダッシュボードに「2019.txt」のデータが取り込まれ、2019年の販売データが反映される

スライサーで「販売形態」や「地域」を選択したり、タイムラインで期間を絞り込んだりすれば、2019年のデータを含めた形で表示が即座に切り替わります。

カレンダーテーブルの範囲を更新する

「『すべて更新』をクリックしたのに、表示が変わらない……」ということがあるかもしれません。そのような場合は、「Power Pivot」タブの「管理」ボタンをクリックしてパワーピボットの画面を開き、「デザイン」タブにある「日付テーブル」ボタンから「範囲を更新」を選択してみてください（図3）。

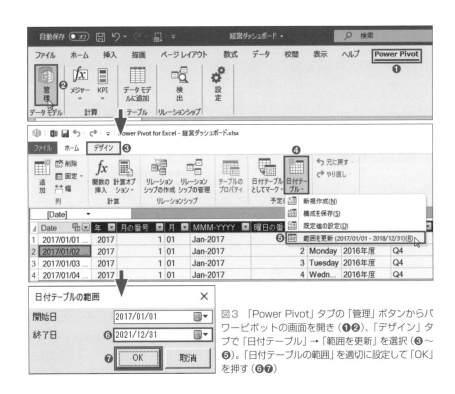

図3 「Power Pivot」タブの「管理」ボタンからパワーピボットの画面を開き（❶❷）、「デザイン」タブで「日付テーブル」→「範囲を更新」を選択（❸〜❺）。「日付テーブルの範囲」を適切に設定して「OK」を押す（❻❼）

表示された「日付テーブルの範囲」が、新たに追加したデータの範囲に対応していないと、データが自動更新されていないように見えることがあります。追加データの日付の範囲が含まれるように日付（カレンダー）テーブルを設定し直せば、データがすべて反映されます。

データの保存場所を変更したとき

「フォルダー接続」するファイルの保存場所を変更した場合も、データを取り込むことができず、エラーとなります。保存場所を変えたときは、フォルダー接続する対象フォルダーの場所も変更しておく必要があることに留意してください。

フォルダー接続する対象フォルダーの場所を確認・変更するには、Excelの「データ」タブにある「データの取得」ボタンのメニューから「データソースの設定」を選びます（図4）。すると「データソース設定」画面に、フォルダー

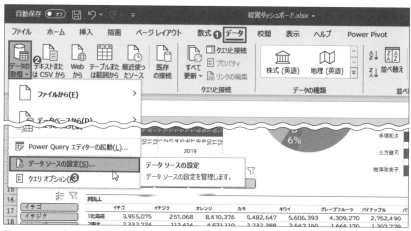

図4 フォルダー接続する対象フォルダーの場所を確認、変更するには、Excel の「データ」タブにある「データの取得」ボタンから「データソースの設定」を選ぶ（❶～❸）

接続の対象フォルダーが表示されます。フォルダーの場所を変えたときなど、対象フォルダーを変更したい場合は、「ソースの変更」ボタンをクリックし、正しいフォルダーの場所を選択してください（図5）。

そのほか、「Power Query エディター」を起動して、「ホーム」タブにある「データソース設定」ボタンをクリックしても、接続先のフォルダーの場所

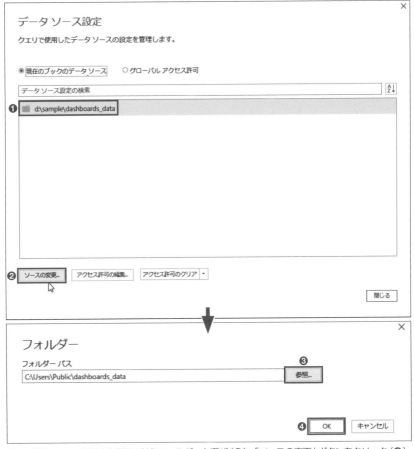

図5 「データソース設定」画面で対象フォルダーを選び（❶）、「ソースの変更」ボタンをクリック（❷）。開く画面で「参照」ボタンを押せば（❸）、任意のフォルダーを接続先に指定し直せる（❹）

を確認・変更できます（図6）。

このように、パワークエリは同じ機能をいろいろなところから使えるように
なっているので、最初はかなり戸惑うと思いますが、これは慣れの問題で
す。自分なりのパワークエリの操作方法を見つけてほしいと思います。

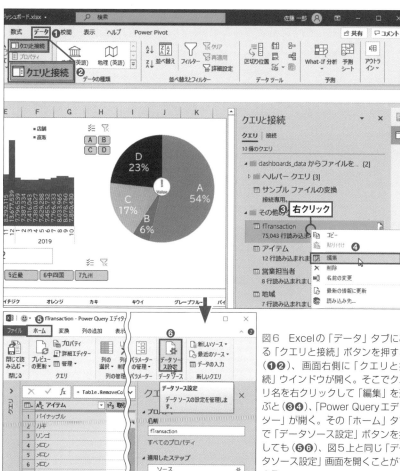

図6　Excelの「データ」タブにある「クエリと接続」ボタンを押すと（❶❷）、画面右側に「クエリと接続」ウインドウが開く。そこでクエリ名を右クリックして「編集」を選ぶと（❸❹）、「Power Queryエディター」が開く。その「ホーム」タブで「データソース設定」ボタンを押しても（❺❻）、図5上と同じ「データソース設定」画面を開くことができる

経営ダッシュボードから、データを読み取る

Modern **Excel**

「経営ダッシュボード」に日々のデータが反映されるようになったら、あとは"データの読み取り"です。ここからは、あなたの出番、腕の見せどころです。

本書で作成した図1の経営ダッシュボードについて、筆者の見解を述べます。図では細部が見にくいので、ダウンロードしたサンプルファイルでご確認ください。

まず、右上のKPIアイコンに注目すると、黄色になっています。5年間の中期経営計画という前提で3年間が終了した時点だと考えれば、油断はできませんが、50%をクリアしている状況はまずまずの「達成率」といえるでしょう。

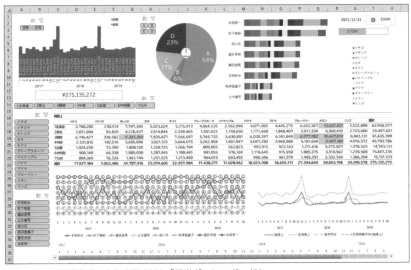

図1　3年間の販売データを表示させた「経営ダッシュボード」

　ちなみに、ヒトの目線は「Z」を書くように、左上→右上→左下→右下の順に動くといわれ、これを "Zの法則" と呼びます。従って経営ダッシュボードでは、先に目線の行きやすい左上や右上に、注目すべき指標を持ってくると効果的です。これを踏まえると、「スライサー」「タイムライン」というフィルターは単なる切り替えボタンにすぎませんので、なるべく左右横や下部に配置するとよいでしょう。

　経営ダッシュボードの左上に作成した「販売形態」別の売上高グラフを見ると、「店舗」（赤色）は「直販」（青色）に比べてかなり少ない印象です。店舗での販売をテコ入れすると、今後一段と伸びそうです。

　上段中央の円グラフには「カテゴリー」別の売上高が示されています。「A」が過半を占め、「B」はほとんど売れていません。参入から間もないということであればBをテコ入れする必要があるでしょうし、経営資源（ヒト・モノ・カネ）に限界があることを踏まえればBからの撤退も視野に入ってくるかもしれません。いずれにせよ、経営戦略のカギを握る可能性がBというカテゴリーにはありそうです。

　「アイテム」と「地域」でクロス集計した中央のピボットテーブルには、売上高トップ5が「条件付き書式」で色分け表示されています。「メロン」はどの地域でもまんべんなく売れています。一方、「イチジク」は全くといっていいほど売れていないので、今後どうするか、経営課題の一つになりそうです。

　左下に「営業担当者」別のランキングが表示されています。「本田宗一」「松下幸助」がツートップで頑張っている一方、「梅澤登美子」「土方健司」の2人は毎月ブービー賞を交互に取り合っています。各人のアイテム別の概略は、右上の横棒グラフで表示され、本田・松下が第1グループ、徳川・豊臣・織田・手塚が第2グループ、土方・梅澤が第3グループです。全体最適化のため、各人の営業手法を情報共有すると底上げが期待できるでしょう。

　右下の折れ線グラフは、「純売上」「前年同月」「3カ月の移動平均」という、

純売上に関するデータが3つと、「定価売上」というデータを表しています。純売上については、まず前年同月や移動平均と比べてどのような状況で推移したのか、などを見ることがデータ分析の基本です。そのうえで、純売上と定価売上の乖離にも着目してみると面白いと思います。この乖離は、要は値引きということですが、期間別やアイテム別などそれぞれの目線で見ると、「なぜ、この時期に？」「どうして、このアイテムだけ？」という新たな洞察を得られるはずです。販売戦略につながるヒントが得られるかもしれません。

紙幅の関係で、データの読み取りはこの程度にしますが、モダンExcelで「経営ダッシュボード」を作成すれば、たった1つの販売実績データから、これだけ多くの視点を持つことができるようになります。そして、「これまで気付かなかった新たな洞察（Insights）を得られるようになる」ことが、モダンExcelを使う大きなメリットです。

Excelでデータ分析を行うことは一般的になりましたが、真のデータ分析の手前で力尽きてしまうことがよくあります。本来すべきデータ分析がしっかりできず、せっかくの"数字"が語り出すことなく、"数字"を経営の意思決定に生かしきれずにいるケースは少なくありません。

だからこそ、モダンExcelが重要な役割を担います。

パワークエリでETL（抽出・変換・読み込み）を行い、1列1項目のきれい

	パワークエリ	パワーピボット
機能	●ETL（抽出・変換・読み込み） ●データマッシュアップ ●データクレンジング	●データマイニング ●データビジュアライズ
役割	データを収集・整理する	データを分析・可視化する
言語	Power Query M （M≒Mashup＝複数データの統合）	DAX （Data Analysis eXpressions）
機能数	800超	250超

図2　モダンExcelを構成する2つのツールの役割と使いどころ（機能数は執筆時点）

なデータを「フォルダー接続」により取り込んで、パワーピボットでデータ相互のリレーションシップを取り、適切なデータモデルとし、DAXでメジャーを書き、ピボットテーブルとピボットグラフで可視化の土台を作る。あとは蓄積したデータを決められたフォルダーに投げ入れる都度、「すべて更新」ボタンをクリックすれば、「経営ダッシュボード」を常に最新の状態に保つことができ、「ファクトベースでのデータ分析」が可能となる──。

　これが、「モダンExcel」の真骨頂です。

パワークエリか？ それとも、パワーピボットか？

　モダンExcelを使い始めると、最初のうちは「パワークエリ」と「パワーピボット」という2つのツールのどちらを使えばよいのか悩むこともあると思います。同じようなことを、どちらでも実現できる場合が多いからです。

　そのようなときの選択のポイントは、双方が担う役割に注目してみることです。すなわち、パワークエリで「1列1項目」のきれいなデータに整理し、パワーピボットでデータモデリングをして分析・可視化を通じ「新たな洞察」を得る──。こうした基本を押さえておくと、正しくツールを選択し、的確なデータ分析ができると思います（図2）。

　もしあなたが、経営管理業務に携わっていて、しかも非IT部門の担当者であるならば、筆者は迷わず次のようにアドバイスをします。

　「DAXを勉強することを優先してください。M言語は基本的に不要です。パワークエリはクリック操作による活用だけで取りあえず十分です」

　もちろん、パワークエリのM言語が分かると、かなり自動化を進められ、便利でしょう。ただし、限られた時間と費用の中で、経営管理に携わる非IT部門の担当者が、効率的・効果的に「モダンExcel」を学習し、日常業務に生かそうというのであれば、優先順位はパワークエリのM言語よりも、

パワーピボットのDAXが上です。なぜなら、DAXは計算式だからです。

　経営管理に携わるのであれば「数字」は不可欠です。新たな洞察を得るには「ファクトベースでのデータ分析」が欠かせません。つまり、計算式であるDAXが使えなければ、的確に分析できず、「モダンExcel」のパワーをフルに引き出すことができないのです。

　パワークエリについては、まずクリック操作から始めて、慣れてきたらM言語を勉強してみる、ということでよいでしょう。優先すべきは本書程度の基本的なDAXの習得です。筆者の経験に照らせば、こうした学習方法が正しい選択肢であり、「モダンExcel」の正しい攻略法だと思います。

　パワークエリもパワーピボットも、これまでのExcelとは全く違うコンセプトのツールなので、最初は戸惑うかもしれません。でも、大丈夫です。本書を片手に、実際に手を動かしながら練習すれば、基本を理解できるはずです。そのポイントは、「セル」ではなく「列」や「テーブル」で考えること、ひと言でいえば「データベース」という思考回路にあります。基本さえ身に付ければ、さらに進んだ応用や学習も可能になります。

　新しいコンセプトの「モダンExcel」を、ぜひ経営管理に役立ててほしいと思います。「モダンExcel」の活用法は、使う人のアイデア次第で広がります。

＊　　　　　　＊　　　　　　＊

　モダンExcelには定期的に便利な機能が追加されており、筆者が主宰する「**モダンExcel研究所**」（モEx研）では随時、その活用ポイントをご紹介しています。モEx研のTwitterアカウント「@moexken」や、Webサイト「moexken.value.or.jp」、note「note.com/moexken」で、一部動画も交えながら公開しています。ぜひ、ご参照ください。

　末筆ながら、本書の編集を担当された日経BPの田村規雄氏ほか、制作スタッフの皆様に感謝申し上げます。

サンプルデータのご利用方法

　本書の事例である「経営ダッシュボード」を作成するために必要なサンプルデータを、ウェブからダウンロードしてご利用いただけます。ダウンロードページのURLは、本書11ページを参照してください。

　ダウンロードしていただくサンプルデータは、「MoEx_Sample.zip」という名前を付けたZIP形式の圧縮ファイルになっています。Windows 10では、ダブルクリックすると圧縮フォルダーとして開きますので、その中にある「Sample」というフォルダーを任意のフォルダーにドラッグ・アンド・ドロップして取り出します。すると、パスワードの入力画面が開きます。パスワードは、本書に記載した4つの「パスコード」を組み合わせたものです。

　パスコードは、53ページ、81ページ、161ページ、201ページの欄外に記載しています。**4つのパスコードを①～④の順序で**、パスワード欄に入力してください。パスコードの順番にご注意ください。

　なお、「Sample」フォルダー内のファイルの詳細については、同梱されている「readme.txt」をご参照ください。

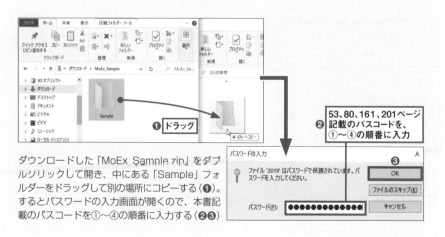

ダウンロードした「MoEx_Sample.zip」をダブルクリックして開き、中にある「Sample」フォルダーをドラッグして別の場所にコピーする(❶)。するとパスワードの入力画面が開くので、本書記載のパスコードを①～④の順番に入力する(❷❸)

索引

村井 直志（むらい ただし）
公認会計士 / データアナリスト

日本公認会計士協会東京会コンピュータ委員長（通算3期）、同・経営・業務・税務の各委員、中小企業基盤整備機構IT推進アドバイザー、上場会社役員、第三者委員会委員などを歴任。「BIG4」と呼ばれる大手監査法人で金融機関やメーカーなどの法定監査、IT監査、IPO支援、M&A支援などの業務に従事後、独立。3大メガバンク系シンクタンクや自治体などでの講演活動も行う。『会社四季報から始める企業分析　最強の会計力』（東洋経済新報社、共著）、『経営を強くする　会計7つのルール』（ダイヤモンド社、別途翻訳本）、『Excelによる不正発見法　CAATで粉飾・横領はこう見抜く』（中央経済社）ほか、会計分野の著作も上梓。

モダンExcel研究所（モEx研）　moexken.value.or.jp
モEx研@Twitter　@moexken
モEx研@note　note.com/moexken
価値創造機構　value.or.jp

モダンExcel入門

2021年6月21日　　第1版第1刷発行
2023年5月26日　　第1版第3刷発行

著　　　　者	村井 直志	
編　　　　集	田村 規雄（日経パソコン）	
発　行　者	中野 淳	
発　　　行	日経BP	
発　　　売	日経BPマーケティング〒105-8308　東京都港区虎ノ門4-3-12	
装　　　丁	小口翔平+三沢 稜（tobufune）	
本文デザイン・制作	Club Advance	
印　刷・製　本	図書印刷株式会社	

ISBN978-4-296-10932-6